Hans Ostwald · Der Urberliner

Keine Straße in Berlin trägt seinen Namen, kein Platz ist nach ihm benannt, nicht einmal eine Gasse. Und das, obwohl der Berliner Hans Ostwald (1873–1940) mit seinem umfangreichen Werk unendlich viel für die Erforschung der Geschichte Berlins (einschließlich seiner Schattenseiten) getan hat.

1911 erschien Ostwalds Sammlung »Urberliner Humor. Lustiges aus Alt-Berlin«. In diesem Buch spürte er dem Ursprung des Berliner Humors in den Tagen des Biedermeier nach, die so bieder, wie der Name vermuten läßt, ja gar nicht waren. Diese Zusammenstellung enthielt im Kern schon das, was Ostwald 1927 und 1928 mit den beiden Bänden »Der Urberliner in Witz, Humor und Anekdote« ergänzte und bis zum Beginn des 20. Jahrhunderts fortführte.

»Der Urberliner« von 1927 hatte es bis 1940 zu einer Auflage von 86000 Exemplaren gebracht, seitdem war dieser Titel nicht mehr auf dem Markt.

Die Neuausgabe enthält eine repräsentative Auswahl aus Ostwalds Zusammenstellungen und alle von Hans Ostwald verfaßten Texte zur Geschichte des Berliner Humors. Neben einer Skizze, die erstmals Leben und Werk des Schriftstellers auch mit bislang unbekannten Einzelheiten würdigt, enthält der Band einen Überblick zur weiteren Entwicklung des Humors in Berlin, die in dramatischen Zeiten zu ganz anderen, doch typischen berlinischen Äußerungen führte, als es beim Erscheinen des »Urberliners« abzusehen war.

Neben den ebenfalls in den zwanziger Jahren erschienenen Bänden »Uns kann keener« und »Ick lach ma'n Ast« von Franz Lederer ist Hans Ostwalds »Urberliner« der andere Klassiker über den Berliner Humor, aus dem ganze Heerscharen von Nachfolgern schöpften, mit dem sich Generationen glänzend unterhielten.

Hans Ostwald

Der Urberliner

Neu herausgebracht, bearbeitet und
mit einem Nachwort von
Hans Clauert

arani

CIP-Kurztitelaufnahme der Deutschen Bibliothek
Ostwald, Hans:
Der Urberliner / Hans Ostwald. Neu herausgebracht, bearb.
und mit einem Nachw. von Hans Clauert. – Berlin : arani, 1991
ISBN 3-7605-8631-7
NE: Clauert, Hans [Bearb.]

Bearbeitet, herausgegeben und mit einem Nachwort von Hans Clauert
Einbandgestaltung von Hauke Sturm
Einbandbild: Landesbildstelle

Printed in Germany
Satz: IBV Satz- und Datentechnik GmbH, Berlin
Druck: Druckhaus Langenscheidt KG, Berlin
Lithographie des Einbandbezuges und der Bilder:
Reprogesellschaft Lutz Wahl mbH, Berlin
Auflagenbezeichnung (letzte Ziffern maßgebend)
Auflage: 5 4 3 2 1
Jahr: 1995 94 93 92 91

Der Urberliner

Det is dem Berliner sein Fall! Witz, Humor und Anekdote. Er ist nicht für Traurigkeit. Und wenn auch sein altes Berlin abgebaut wird, wenn auch nur noch spärliche Reste von dem ehemaligen Berlin zeugen – das Berlinertum erhält sich. Selbst alle, die neu nach Berlin kommen, die ihre Existenz finden und auf dem mit tollem Trubel erfüllten Berliner Asphalt festwurzeln, nehmen unwillkürlich von der Art und dem Wesen des Berliners an. Selbst wenn sie nicht »berlinern«, wenn sie vielmehr ablehnend denken:

Icke, dette, kieke mal,
Oogen, Fleesch und Beene,
Die Berliner allzumal
Sprechen jar zu scheene!

Die Sprache allein macht es nicht. Auch ohne sich ihr ganz hinzugeben, dringen der Geist und die Art einer Stadt in ihre Bewohner ein. Wer aber so richtig mit einer Stadt verwachsen will, darf auch vor der ihm unschön vorkommenden Sprache nicht zurückschrecken. Gewiß ist das Berlinische oft herb und von einer verblüffenden Deutlichkeit und Schnoddrigkeit. Aber es ist auch so voller lustiger Redewendungen, so voll Selbstironie, freundlicher Satire, voll Bilderreichtums, voll witziger Wortspiele, daß seine Kenntnis zweifellos eine humorvolle Erhöhung des Lebensgefühls mit sich bringt und manchen Puff des Daseins leichter ertragen läßt.

Der Berliner hat eben nicht nur den berühmten hellen und offenen Kopf. Er kann nicht nur Witze machen, Witze, wie sie zwischen Pankow und Potsdam üblich sind. Er hat auch das, was so oft bestritten wird, was scheinbar zu seinen großschnäuzigen, schnoddrigen Redensarten und zu seiner angeblichen Krakelsucht nicht stimmt – er hat auch Humor. Nur versteckt er ihn fast immer unter der Stachelhaube seiner treffenden Kritik. Er will nicht weich und herzlich erscheinen. Aber er meint es meist herzlich. Dafür haben wir den großen Kronzeugen Goethe. Der sagte am 4. Dezember 1823 zu Eckermann von seinem Freund, dem in Berlin geborenen Musiker und Maurermeister Karl Friedrich Zelter:

»Er kann bei der ersten Bekanntschaft sehr derb, ja mitunter sogar etwas roh erscheinen. Allein, das ist nur äußerlich. Ich kenne kaum jemand, der zugleich so zart wäre wie Zelter. Und dabei muß man nicht vergessen, daß er über ein halbes Jahrhundert in Berlin zugebracht hat. Es lebt aber, wie ich an allem merke, dort ein so verwegener Menschenschlag beisammen, daß man mit der Delikatesse nicht weit reicht, sondern daß man Haare auf den Zähnen haben und mitunter sogar etwas grob sein muß, um sich über Wasser zu halten.«

Haare auf den Zähnen – die hat der Berliner. Er spöttelt gern. Aber vielfach ist sein Hohn nur eine Schutzmauer, hinter der er sich verbirgt, um nicht jedem sein Inneres aufzeigen zu müssen. Es ist schon, wie Hans Brennert sagt: »Das Wesentliche des Berlinischen Dialekts ist nicht das schlechte, ordinäre Mischdeutsch, sondern die schöpferische Keckheit des Ausdrucks, hinter der sich Güte und Selbstironie verbirgt.«

»Jeduldige Schafe jehn viel in einen Stall!« sagte ein Autobusschaffner und schob die langsam sich Platz suchenden Fahrgäste in den Wagen. Sie nahmen's nicht übel und lachten.

Der Urberliner wird immer in allen Bedrängnissen des Lebens ein Witzwort oder eine humorvolle Wendung bereit haben. Umsonst hat er nicht das drastische Wort gefunden:

Geduld, Geduld, wenn's Herz auch bricht,
Mit de Beene strampeln nutzt ja nicht!

Er weiß sich mit einem Witzwort im rasenden Verkehr, beim Dröhnen der Motoren, im ermüdenden Getriebe der »Klapperschlangen« (Schreibmaschinistinnen) und bei der anstrengenden Nachtarbeit in den lärmerfüllten Setzersälen und in dem Säuregeruch der chemischen Fabriken immer wieder an einem herzhaften Witz zu erquicken und mit vielen Unannehmlichkeiten abzufinden.

Der Berliner ist besonders fruchtbar auf dem Gebiet der Redensarten. Ich möchte hier nur an einige erinnern:

Man lebt ja nur so kurze Zeit un is so lange dot!
Wer mir beleidigt, den stoß ick aus'n Anzug!
Dazu sind ja die Fehler, det se jemacht wer'n!
Jehste von se! wehrt scherzhaft das junge Mädchen ab.
Dir ham se woll mit'n Klammerbeutel jepudert?
Hast woll lange nich aus't Krankenhaus jekiekt?

Doch darf der Nicht-Berliner aus diesen Redensarten kein falsches Bild gewinnen. Der Berliner bullert leicht los, braust auf. Aber auf die schlagfertige Heftigkeit folgt meistens die echte Gemütlichkeit.

Es gibt viele Leute, die behaupten, der Berliner habe an der Stelle der Seele nur den Witz. Vielleicht ist das aber auch nur so, daß sich der Berliner mit einem Witz wehren muß, um seine Seele zu behalten. Jedenfalls belebt der Witz das Berliner Leben, und es ist ja keine Schande, witzig zu sein – besonders seitdem festgestellt wurde, daß Wilhelm Busch mit seiner Art in manchem modernen Berliner einen Jünger gefunden hat. Wer die über mehr oder weniger bekannte Menschen erzählten Geschichten liest, wird erkennen, daß die Berliner doch nicht seelenlos sind. Wenn diese Seele sich witzig äußert – desto besser!

Georg Hermann sagt einmal sehr fein und richtig, das Berlinische liege nicht in den Worten, nicht im Reichtum von Bildern, auch nicht in »ick« und »det«. Es bestehe in der Denkweise und im Ton, in der Melodik oder Unmelodik, mit der so ein Satz hingelegt wird. Man könne, wenn man Ohr genug hat, heraushören, aus welcher Stadtgegend der Sprecher stamme und welcher Generation er angehöre. Und er führt Beispiele an. Die erste Generation ist ganz aufs Reale gestellt. In Venedig interessiert sie sich nicht für die »langweiligen« Kirchen, wohl aber für die Tintenfische. Die zweite Generation ist kunstverständig, aber sehr kritisch. Die dritte Generation ist sehr gutmütig, braust aber leicht auf und braucht gleich starke Bilder: »Noch ein Wort... denn sitzt de Neese hinten!« Dann gibt's noch den unrichtigen Berliner. Das ist der, der am meisten berlinisch spricht, in andern Orten alles abscheulich findet, mäkelt und stänkert und der in Wirklichkeit gar nicht aus Berlin stammt.

Also Achtung vor dem unrichtigen Berliner!

Und darum seien hier keine langen Untersuchungen angestellt, sondern, mit kleinen Erläuterungen, Witz und Humor und Anekdoten des Urberliners selbst geboten – in der Erwartung, daß die Leser das nicht übelnehmen, sondern lachen – lachen!

Hans Ostwald (1927)

Die Ahnen des Urberliners

Berliner Kind,
Spandauer Wind,
Charlottenburger Pferd,
sind alle drei nichts wert.
Altes Sprichwort

Die schlechtesten Ahnen hat der Urberliner nicht. Von Lessing und Humboldt an dürfen wir bis auf unsere Tage viele bedeutende Männer nennen, die in Berlin an die Entwicklung der Geister ihre Lebenskraft gewendet haben. Vorher haben allerdings nur die höfischen Kreise sich ernsthaft geistig beschäftigt. Sophie Charlotte und Leibniz, Friedrich II. und Voltaire aber hatten keine allzu große Liebe für die verhältnismäßig arme Stadt, die zwischen Sand und Sumpf lag.

Aber wenn auch Friedrich der Große sein Berlin nicht allzusehr liebte, er hat doch auf das Wesen der Berliner stark gewirkt. Seine philosophische Tafelrunde, sein skeptisches Auftreten, seine Freude an der Schlagfertigkeit hinterließen in jedem echten Berliner ihre Spuren. Vor allem aber packten sie seine Toleranzabsichten.

»Jeder soll nach seiner Fasson selig werden!«

Dieser Spruch entsprach so recht der Berliner gefühlvollen Vernunft. Praktisch wurde die Toleranz zwar schon seit mehr als hundert Jahren vor Friedrich II. geübt. Ob sie wollten oder nicht: in Berlin mußten sich die Lutheraner drein finden, daß die Kalvinisten die gleichen Rechte hatten, daß um 1685 die französischen Hugenotten und im 18 Jahrhundert noch viele Katholiken hinzukamen. In keiner anderen Stadt wurde wohl die

Bevölkerung schon zeitig so duldsam miteinander wie in Berlin. Als Symbol dafür kann man Chodowieckis Stich »Toleranz« bezeichnen. Er ist aus dieser Eigenschaft des vernunftvollen Gefühls heraus entstanden, das in jedem echten Berliner seine Heimat hat. Alle verschiedenen Bekenntnisse, Lutheraner, Katholiken, Mohammedaner, Heiden, alle beugen sich vor einer Idealgestalt: vor der Toleranz.

Das unmittelbare Beieinanderleben mit vielen wertvollen Männern, das ständige Zuströmen von Auserwählten aus allen möglichen Gebieten der Betätigung muß doch seine Spuren hinterlassen. Die Flut der Ereignisse und Vorgänge, der rücksichtslose Lebenskampf, in den jeder Berliner verwickelt wird, schärft natürlich den Blick und das Urteil, ja, fordert geradezu zur Schärfe heraus. Und so mag denn diese Eigenschaft, die eine Notwendigkeit ist, dazu führen, den Berliner als einen unangenehmen Patron zu empfinden, als einen Alles- und Besserwisser, als einen Frechdachs, als ein Großmaul.

Gewiß, der richtige Berliner ist manchmal schnoddrig. Er läßt sich nicht gern an den Wagen fahren und wehrt sich seiner Haut; jedoch meist erst dann, wenn er gründlich verletzt worden ist, während andere schon vorher grantig werden, die wegen ihrer scheinbaren Gutmütigkeit überall grob und laut auftreten dürfen. Der Berliner soll durchaus als Großmaul gelten. Er wird aber fast immer überschrien, wenn er wirklich einmal großmäulig wird.

Zum Gemütlichsein hat der Berliner allerdings wenig Anlage. Dazu wird das Leben auf dem harten Berliner Steinpflaster zu schwer. Nur die Männer, in deren Blut auch einige Tropfen südlicher Herkunft gemischt sind, setzen sich über die allgemeine norddeutsche kältliche Würde hinweg und bringen in die frostige Reflektion des Berlinertums ein wenig Lebhaftigkeit hinein, so daß es neben ganz nüchternen und vernünftigen auch stets temperamentvolle Berliner gibt. Aber zugleich brachte diese Mischung von Nüchternheit und Lebhaftigkeit jenen eigentlichen Grundzug im Wesen des Berliners hervor, den man mit Respektlosigkeit bezeichnet. Kein Mensch, der einige Zeit in Berlin und seinen Kreisen gelebt hat, kann sich diesem Grundzug entziehen. Er lernt alles mit kritischen und skeptischen Blicken zu betrachten. Wer eine würdevolle Stellung einnimmt, wird oft geschätzt und geachtet. Aber die Kritik macht nicht halt vor ihm.

Der begüterte und beamtete Mann wird häufig mit einer gewissen Scheu betrachtet. Aber kein Berliner erstirbt vor ihm. Das ist nur zu natürlich in einer großen Stadt, wo das Schicksal oft so willkürlich mit dem Menschen umspringt, wo es wirklich schwerfällt, vor den Menschen und ihrem Tun und Treiben den Respekt zu behalten. Das ist auch begründet in der Zusammensetzung der Bevölkerung. Alle möglichen rücksichtslosen Elemente, die sich in ihrer Heimat nicht durchsetzen konnten, zahllose Gebrochene und Gescheiterte wurden von der Großstadt angelockt. Die einen kamen mit rücksichtsloser Eroberungslust, die andern konnten sich nur in einer verzweiflungsvollen Lebensstimmung über Wasser halten. Alle mußten im Erwerbsleben herzhaft zupacken. So wurde der Berliner Witz schlagfertig und abwehrend, ätzend und lachend zugleich.

Das Zusammenströmen von verschiedenen Elementen und verschiedenen Rassen hat sicher dazu beigetragen, den Typus des Berliners zu erzeugen. Unter den Zugewanderten stammte stets ziemlich die Hälfte aus der Provinz Brandenburg. Diese an den Havelseen und Spreeufern großgewordenen, auf dem dürftigen Sandboden, in den Heiden mühsam ihr Brot suchenden Menschen gaben den Teig für den kecken und verwegenen Menschenschlag ab. Sie lebten draußen so kümmerlich wie vielleicht später auch in der großen Stadt, waren aber doch voll von einem Heißhunger nach Besserem und hatten bald heraus, ihre Ellbogen gründlich zu gebrauchen. Zu ihnen kommen schon zeitig zahlreiche Franzosen und Juden.

Viele von ihnen waren aus gutem patrizischem Hause, die sich der Unduldsamkeit des französischen Königtums nicht unterwerfen wollten. Das beeinflußte die Berliner, wenn es sich auch nicht ganz mit jenem Geiste mischte, den man »berlinisch« nennt. Aber er regte an. Denken wir an Chamisso, an Fouqué, an Theodor Fontane und an unzählige feine Geister, die direkt oder indirekt aus der französischen Kolonie hervorgingen. Das Französische wurde auf dem sorgenvollen Berliner Pflaster nicht leichter. Auch mögen es die Männer mit ihrem härteren Wesen oft vergröbert haben – wie das Französische auch wohl anstachelnd auf die schwerfälligen Söhne der Mark wirkte. Und das Judentum brachte seine Lust zur Kritik, seine Lebhaftigkeit, seine Unruhe, seine Unternehmungslust hinzu. Ja, die Juden haben vielleicht einen größeren Einfluß auf das Berlinertum ausgeübt, als man ahnt. So entstand denn eine Mischung: »Das Berlinische«.

Ich denke hierbei nicht nur an den sogenannten Weißbierphilister. Dieser Weißbierphilister war eine berlinische Ausgabe des überall vorhandenen Biedermeier- und Stammtischmenschen. Mit engbegrenztem Gesichtskreis, auf eine gewisse proletarische Einfachheit der Lebenshaltung angewiesen, ohne jeden Schwung und Drang, glaubt er sich doch berufen, Räsoneur über alle denkbaren Angelegenheiten sein zu müssen. Die in Berlin besonders auf Räsonnement ausgebildete Art brachte uns den Weißbierphilister, eine zum größten Teil ausgestorbene Art des Biedermeiermenschen.

Beachtet muß werden, daß in den Hof und in das Heer der Preußenkönige sich allerlei wagemutige, abenteuernde Elemente aus ganz Europa drängten. Tausende schreckten nicht zurück vor dem preußischen Krückstock. Verkrachte Studenten und allerlei Intelligenzen suchten und fanden ihr Heil in den

1. Wallfahrt nach Französisch Buchholz
Radierung von Daniel Chodowiecki (1775)

2. »Brendike, halte mir, ick werde schwimelig.«
Lithographie von Franz Burchard Dörbeck (um 1830)

Regimenten und in den Büros. Sie förderten die Lust zur Freigeistigkeit, zur Unerschrockenheit und zum skeptischen Witz, die von Sanssouci und seiner Tafelrunde herüberwehte.

Der Hang zum Kritischen erklärt sich ebenso aus der Blutmischung wie aus dem harten Erwerbsleben.

Der Berliner hatte es schwer, emporzukommen. Das schärfte seinen Verstand und brachte ihn dahin, alles Gefühlsmäßige als schwächlich und überflüssig anzusehen. So entwickelte sich bei ihm eine härtere und rauhere Form, unter der allerdings auch oft ein gemütvoller Kern herauszuschälen ist. Denn die vielgeschmähte Berliner Schnoddrigkeit ist oft nur ein Mittel, das eigene Gefühl nicht hervorsehen zu lassen. Wer den Berliner gründlich ansieht, wird deshalb nicht nur Kaltschnäuzigkeit, sondern auch stets gefühlvolle Vernunft finden.

Übrigens befleißigt sich der Berliner in letzter Zeit außerordentlich, die rauhe Form zu mildern. Der moderne Typus des Berliners hat nur noch ganz wenig von jenem Volkstümlichen, das meist in den alten Berliner Possen zum Vorschein kam – und das uns heute so kleinbürgerlich erscheint. So ein gewisser, leicht in ironische Schärfe übergehender schneller Blick, ein rasch verstehender, meist nicht übelgenommener, sondern klärender und versöhnender, beißender Witz ist Gemeingut. Hier gilt häufig das Wort: Lachen tötet nicht, sondern macht lebendig.

Seine Ironie, die in Berlin nicht übelgenommen, sondern lächelnd verstanden wird, zeigte sich schon in dem Urahnen des Berliners, in Hans Clauert, einem um 1566 gestorbenen märkischen Bruder des Till Eulenspiegel, von dessen Neckereien und Späßen hier eine Anekdote mitgeteilt sei:

Wie Clauert beim Kurfürsten zu Brandenburg von seinem Weibe verklagt ward und wie er den kurfürstlichen Befehl in die Spree warf

Hans Clauerts Weib predigte ihm täglich so viel von dem verspielten Gelde, daß er ihr oftmals mit einem Prügel zu folgen versucht ward. Welches sie besser zu machen vermeinet und verklaget ihren Mann gen ihrem Herrn, dem Kurfürsten zu Brandenburg. Welcher vorhin von Clauert viel gehöret hatte, derhalben ihm solche Klage angenehm war und ließ Clauerten auf einen gewissen Tag vor sich bescheiden, der als ein Gehorsamer auf den bestimmten Tag erschien und nach Verhör der Sachen an Eustachium von Schlieben, der dazumal Hauptmann auf Trebbin und Zossen war, einen Befehl bekam, daß der von Schlieben wegen des verspielten Geldes bis auf des Kurfürsten zukünftigen Befehl sollte Clauerten gefänglich verwahren lassen; dann der Kurfürst in wenig Tagen hernach ein Nachtlager zu Trebbin zu halten Willens war. Darneben befahl der Kurfürst, daß Clauert den Brief je eilend dem von Schlieben bringen sollte. Clauert vermerkte aus etlichen Umständen wohl, daß der Befehl ihm nicht zuträglich sein würde, darum er den Brief aufbrach und gab einem Knaben drei Pfennige, der ihm denselben las, und als er den Inhalt vernommen, warf er den Brief in die Spree und ließ ihn schwimmen, ging hin in den Bernauischen Keller und verharrete noch drei Tage daselbst. Den fünften Tag hernach kam der Kurfürst gen Trebbin und fragte Eustachium von Schlieben, wie es um Clauerten stünde, ob er ihn noch gefangen hielte oder ihn ledig gezählet hätte. Der von Schlieben gab dem Kurfürsten zur Antwort, daß ihm Clauerts Gefängnis nicht bewußt wäre. Der Kurfürst fraget weiter, ob ihm Clauert nicht einen Befehl gebracht hätte. Welches dem von Schlieben viel weniger wissend war.

Der Kurfürst schickte nach Clauerten, stellet sich sehr zornig und sagte: »Wo hast du den Brief gelassen, den Wir dir gegeben haben?«

Clauert antwortete: »Hoho, gnädigster Herr, ist derselbe Brief noch nicht hie?«

Der Kurfürst sagte: »Wie soll er hie sein, wenn du ihn nicht hast hergebracht?« und fraget noch einmal, wo er denselben gelassen hätte.

Clauert sagte: »Gnädigster Kurfürst und Herr, Eure kurfürstliche Gnaden haben mir befohlen, daß ich den Brief ja eilend her gen Trebbin sollte bringen; nun hatte ich zu Berlin noch viel auszurichten, daß ich in zween Tagen noch von dannen nicht kommen konnte, darum warf ich denselben auf die Spree, daß er vorher schwimmen und desto zeitiger ankommen möchte, und wundert mich nicht wenig, daß er über Zuversicht so lange ist außen blieben.«

Der hochlöbliche Kurfürst, ob er schon einen Ernst wider Clauerten zu gebrauchen willens war, vermochte doch vor Lachen nichts fürzunehmen, sondern ließ Clauerten mit seiner Sache hinfahren. Von dem Tage an ward Clauert vom Kurfürsten also bekannt, daß er immer zu ihm kommen konnte.

Ein Jahrhundert später, in der Mitte des 17. Jahrhunderts, als Berlin durch den Dreißigjährigen Krieg zwar nicht ganz verarmt, aber doch sehr mitgenommen war, lebte in Berlin ein Ratsherr Schönbrunn, der schon manche scharfen Züge des Urberliners zeigt. Von ihm wird erzählt:

Beim ersten Aufkommen der doppelten Groschen fragte der Goldschmied im Güldenen Arm Schönbrunnen, woher es doch käme, daß dieses Geld so bald dergestalt rot geworden. Er antwortete, es schämte sich, daß es so arm von Silber wäre.

Es war dieser Johann Schönbrunn sonst niemals verheiratet, ungeachtet er ein wohlhabender Mann gewesen. Doch hatte er auch ein Vieles von seinen Gütern verloren, indem er wegen der schweren Kriegskontribution Schulden machen und nachgehends das Seinige wohlfeil hingeben müssen. Dannenhero als Kurfürst Georg Wilhelm bei Übergebung einer Supplik ihn fragte, warum er denn vor andern so sehr lamentiere, da er ja von seinen Eltern so viele schöne Mittel und Güter überkommen, auch ohne Weib und Kind wäre, hat er zur Antwort gegeben:

»Gnädigster Herr, der Bär hat mir alles hinweggekratzet.«

Der Kurfürst fragt weiter: »Habt Ihr's denn im Schwarzen Bär (so hieß derzeit ein Wirtshaus am Molkenmarkt zu Berlin) verbankettieret und versoffen?«

Sagte Schönbrunn: »Nein, gnädigster Herr«, zeucht zugleich ein Bund Exekutionsbefehle heraus, darauf des Rats zu Berlin Wappen, der Bär, gestanden, und fügte hinzu: »Diese Bären habe ich mir nicht von der Haut jagen können.«

Auch zu Lessings Zeit äußerten sich manche Einwohner Berlins schon ganz wie Urberliner. Das bezeugt eine Anekdote, die Rodenberg erzählt:

Lessing traf sich gern mit seinen Freunden in der »Baumannhöhle«, einem nach dem Küfer Baumann benannten Weinkeller in der Brüderstraße. Dort las der Philosoph Mendelssohn eines Abends seinen »Phaedon, Über die Unsterblichkeit der Seele« vor. Ein Berliner, der sich auch in dem Weinkeller befand, hörte aufmerksam zu und trat nach der Vorlesung an den Tisch, an dem Lessing, Mendelssohn und Nicolai saßen.

»Ick jloobe nich an ihr«, meinte er.

»Woran glauben Sie nicht?« fragte Lessing.

»Nu, an de Unsterblichkeit.«

»Warum denn nicht?«

»Ja, sehn Se, wenn ick dran jloobe und se kommt nich, denn ärgere ick mir. Wenn ick dran jloobe und se kommt doch noch, so finde ick weita nischt dabei; wenn ick aber nich dran jloobe und se kommt, so freue ick mir. Merken Se wat? Drum jloobe ick nich an de Unsterblichkeit.« Sprach's und verließ das berühmte Dreigestirn.

Von Friedrich II. haben wir ja allerlei Anekdoten und witzige Aussprüche. Daß er auch seinen Freund Voltaire geneckt hat, dürfte weniger bekannt sein. In seinen Scherzen und Aussprüchen kam so manch Berlinisches zutage: Die Schlagfertigkeit und eine gewisse Schadenfreude – ebenso wie menschliches Verstehen und Toleranz. Doch soll nicht gesagt werden, daß der Berliner nicht auch intolerant und hart sein kann.

Die Derbheit des Berlinertums fand damals schon ihre Kritiker und Spötter. Carl Philipp Moritz, ein ausgezeichneter pädagogischer Schriftsteller, hatte den für einen Pädagogen verständlichen Sinn, sich gegen die Dialektunarten der Berliner zu wenden. Im geheimen aber muß er doch seine stille humorvolle Freude an dem Berlinischen gehabt haben. Hat er sie doch in seinen abschreckenden Beispielen ganz gut getroffen. Er dürfte wohl der erste gewesen sein, der die Sprache der Hauptstadt aufzeichnete. Seine Gespräche bewiesen, daß die Berliner Mundart nicht erst zur Biedermeierzeit ausgebildet war, sondern sicher schon von ehrwürdigem Alter ist.

Einer unserer größten deutschen Schriftsteller, Heinrich von Kleist, hat dann in einigen seiner Anekdoten zwar nicht die Berliner Mundart verherrlicht, aber zweifellos den Geist der Mundart und des Berlinertums festgehalten.

Der Branntweinsäufer und die Berliner Glocken

Ein Soldat vom ehemaligen Regiment Lichnowsky, ein heilloser und unverbesserlicher Säufer, versprach nach unendlichen Schlägen, die er deshalb bekam, daß er seine Aufführung bessern und sich des Branntеweins enthalten wolle. Er hielt auch in der Tat Wort während drei Tage: ward aber am vierten wieder besoffen in einem Rinnstein gefunden und von einem Unteroffizier in Arrest gebracht. Im Verhör befragt man ihn, warum er, seines Vorsatzes uneingedenk, sich von neuem dem Laster des Trunks ergeben habe? »Herr Hauptmann«, antwortete er, »es ist nicht meine Schuld. Ich ging in Geschäften eines Kaufmanns mit einer Kiste Färbholz über den Lustgarten; da läuteten vom Dom herab die Glocken ›Pomeranzen! Pomeranzen! Pomeranzen!‹ ›Läut', Teufel, läut'‹, sprach ich, und gedachte meines Vorsatzes und trank nichts. In der Königstraße, wo ich die Kiste abgeben sollte, steh' ich einen Augenblick, um mich auszuruhen, vor dem Rathaus still: da bimmelt es vom Turm herab: ›Kümmel! Kümmel! Kümmel! – Kümmel! Kümmel! Kümmel!‹ Ich sage zum Turm: ›Bimmel du, daß die Wolken reißen‹ – und gedenke, mein Seel, gedenke meines Vorsatzes, ob ich gleich durstig war, und trinke nichts. Drauf führte mich der Teufel auf dem Rückweg über den Spittelmarkt; und da ich eben vor einer Kneipe, wo mehr denn dreißig Gäste beisammen waren, stehe, geht es vom Spittelturm herab: ›Anisette! Anisette! Anisette!‹ ›Was kostet das Glas?‹, frag' ich. Der Wirt spricht: ›Sechs Pfennige.‹ ›Geb' Er her‹, sag' ich – und was weiter aus mir geworden ist, das weiß ich nicht.«

Heinrich von Kleist

Die Geschichte kennen Sie wohl, wie der Alpenwirt den Berliner Jüngling fragt, ob es in Berlin auch solche Berge gäbe, und der antwortet: »Nein, solche Berge haben wir nicht! Aber wenn wir welche hätten, wären sie noch höher.« – Nun, mir ist dasselbe wirklich passiert. Ich habe einmal längere Zeit in Hannover gewohnt und ging eines Tages mit einem Berliner Besuch die schöne Allee nach Herrenhausen entlang. »Sehen Sie nur diese Prachtbäume!« sagte ich. »I wo! Det is jarnischt jejen die Linden in Berlin.« – Ein Jahr später ging ich mit dem Mann Unter den Linden. Sie hatten ihr sommerliches Aussehen, das Sie wohl hinreichend öde und traurig kennen. »Na, was sagen Sie nun?« fragte ich meinen Begleiter. »Denken Sie einmal an die Allee nach Herrenhausen.« – »Ach lassen Sie mich jehen«, sagte er wieder, »ich kann mich nicht jenug ärgern, wenn mir was Besseres jezeigt wird als in Berlin.«

Da haben Sie den Berliner.

Fürst Bismarck
(Gespräch mit dem Stadtrat Penzig)

Der Berliner nimmt es nicht übel, wenn er nicht verstanden wird. Er hat es auch Bismarck nicht übelgenommen, der sicher nicht gemerkt hat, wie der Berliner gewaltsam übertrieben hat, um seine nicht überall schöne Heimat durch Witz und Humor zu verklären.

Voltaire und die Berliner »Materialisten«

Der bekannte Großindustrielle Gottlob Nathusius (1760 bis 1835), der in den siebziger Jahren des 18. Jahrhunderts in Berlin Kaufmannslehrling war, erzählt aus dieser Zeit in seinen reizvollen Jugenderinnerungen folgende hübsche Anekdote:

Als Voltaire bei dem König war und von philosophischen Dingen die Rede war, fragte ihn dieser eines Tages: ob es denn in Sr. Majestät Staaten auch Materialisten gäbe? (Weil doch Voltaire selbst einer war.)

»O«, sagte Friedrich, »hier in Berlin allein gibt's mehrere Hunderte, ich kann sie Ihnen gedruckt zeigen«, und legte ihm den Adreßkalender vor, wo nämlich alle Namen der Materialwarenhändler standen, die man auch wohl Materialisten nennt. Am andern Tage macht sich Voltaire mit der Liste auf und geht zum ersten besten. Er fragt nach Herrn so und so, und wundert sich etwas, einen Mann hinter dem Ladentisch mit einer blauen Schürze zu finden. Allein er denkt: desto besser, es wird ein natürlicher Philosoph sein, und redet ihn gleich auf sein System an. Der Mann sieht ihn groß an. Am Ende merkt er denn, daß sich der König einen Spaß mit ihm gemacht hatte.«

Tugend kann straucheln...

Die Tochter des Theaterdirektors Döbbelins hatte am Ende des 18. Jahrhunderts ein intimes vieljähriges Verhältnis mit einem Manne, den sie aus manchen Gründen nicht heiraten konnte. Als dies Verhältnis zum zweitenmal Folgen hatte, machte das Publikum bei ihrem Erscheinen auf der Bühne großen Lärm. Sie mußte von der Bühne abtreten. Das Publikum gab sich nicht zufrieden, bis der Direktor erschien, und zwar etwas erregt, aber mit seinem gewöhnlichen Pathos begann:

»Geschätztes Publikum! Tugend kann straucheln – –«

Da rief jemand aus dem Publikum:

»Aber nicht zweimal!«

Unter Lärm und Gelächter mußte Döbbelin abtreten.

»Der Witz und Sarkasmus der Berliner entspringt aus einer großen unvergeßlichen Quelle preußischen Ruhmes: aus dem Kopfe Friedrich des Großen. Was sich früher davon zeigt, darf nicht in Betracht kommen. Selbst derjenige Witz, der uns aus dem Tabakskollegium bekannt wurde, ist so plumper Natur, daß er mit dem heutigen Kernwitz der Berliner, der fast immer die Ähnlichkeit der kontrastierenden Dinge auffindet und dem selten der tiefere Bezug fehlt, nicht zu vergleichen ist. Aber auch das leichteste Berlinische Bonmot wird so besonders wirksam durch die Ruhe und Absichtslosigkeit, mit der es wie aus heiterem Himmel herausblitzt. Größtenteils gegen alle Nüancen der Bedrückung, der Ungerechtigkeit und der trotzenden Dummheit gerichtet, niemals gegen den Leidenden, ist der Witz der Berliner auch oft nur sich selbst Zweck: eine lustige Unterhaltung mit der stillen Voraussetzung, daß auch die schärfste Spitze nicht verwunden darf...«

Adolf Glaßbrenner

Berliner Biedermeierhumor

Der wirklich ursprüngliche Urberliner wurzelt im Biedermeiertum. Die Menschen der Biedermeierzeit waren durchaus nicht einseitig. Romantische Empfindsamkeit galt ebensoviel wie die bescheidene bürgerliche Idylle. Behäbigkeit fehlte der Biedermeierzeit auch nicht. Und an Scherz und Satire scheint sie erst recht keinen Mangel gelitten zu haben. In dem Berlin der Biedermeiertage ist jedenfalls der eigentliche berlinische Witz zum erstenmal vollendet in Erscheinung getreten. Die verschiedenen fremden Elemente, aus denen ja Berlins Bevölkerung schon seit Jahrhunderten besteht, hatten sich damals, wenigstens in den führenden Kulturkreisen, ganz bodenständig eingewurzelt. Die künstlerisch Regsamen gruppierten sich um den alten Schadow, um Rauch, Krüger – alles echte Berliner. Die politisch Regsamen verkehrten wohl bei Varnhagen und Rahel. Wissenschaftlich Interessierte traten mit den beiden Humboldts, mit Schelling und all den anderen Größen in Verbindung, die in der ersten Hälfte des neunzehnten Jahrhunderts die Berliner Universität schmückten. Alle diese Kreise lebten nun wiederum nicht für sich ein abgeschlossenes Leben, sondern berührten fortwährend einander und nahmen am Wohl und Wehe des andern nachbarlich Anteil.

Berlin war noch klein. Wer in der Leipziger Straße wohnte, wie Mendelssohn, der wohnte schon weit draußen. Das geistige Berlin lebte zwischen dem Schloß und der Mauerstraße. So konnten alle in kurzer Zeit zusammenkommen und in persönlichem Verkehr sich anregen, Ansichten und Absichten austauschen.

Das Leben der ganzen Stadt hatte etwas Einheitliches, was

ihm heute fehlt: Es war bürgerlich. Das Bürgertum hatte durch seine fleißige Arbeit die Aristokratie ziemlich überwunden. Viele vornehme Familien hatten auch in den Napoleonischen Kriegen ihre Besitzungen verloren. Und so war denn überall ein bürgerlicher Zuschnitt des Lebens vorhanden. Selbst am Hofe war er beliebt. Der einfache Friedrich Wilhelm III. war durchaus nicht für große Staatsaktionen eingenommen und haßte das steife Hofzeremoniell. Der Kronprinz aber lebte ganz wie die Künstler und Wissenschaftler, die er verehrte, verkehrte in Teegesellschaften, ging zu Liebhaberaufführungen und kannte auch in seiner Häuslichkeit keine höfischen Abendtafeln. Abends wurde nur Tee gereicht, kein Tischtuch gedeckt, sondern nur Rohrteller unter die Porzellanteller gelegt und nur nebenher während der Unterhaltung gespeist.

Die Unterhaltung, das geistige Miteinanderleben war das Ziel des Lebens. Aber es war nicht mehr die aristokratische Form der Unterhaltung. Das Bürgertum war herangewachsen und hatte alle Lebensformen durchdrungen. Auch die Bauformen waren diesem einheitlichen Zuge unterworfen. Und so hat wohl Berlin kaum wieder einen solchen geschlossenen künstlerischen Eindruck gemacht wie in den Biedermeierjahren – das äußere Berlin wie auch das geistige. Solche Zustände waren geeignet, auch einen bestimmten Charakter der Bevölkerung klar und dokumentarisch zum Vorschein kommen zu lassen. In Wirklichkeit hat sich denn auch das Berlinertum nie so lebhaft und unverfälscht geäußert wie in der Biedermeierzeit. Zwar befanden sich auch damals genügend Fremde, nicht in der Stadt geborene, in Berlin. Das war immer so – seit Berlin sich rührte. König berichtete ja noch vom Ende des achtzehnten Jahrhunderts, daß er nur wenig »echte« Berliner gefunden habe, wohl aber viele Zugezogene. Aber die Stadt und ihr Leben wandelten damals rasch die neuen Elemente um. Alle befleißigten sich, das Berlinertum anzunehmen.

Die Haupteigenschaften des Berlinertums aber waren damals seine Lustigkeit, sein Witz und seine Satire. Schon in Chodowiecki waren sie manchmal in die Erscheinung getreten. Er hatte sich über die kranke Frau lustig gemacht, die sofort gesund wird, wenn das neue Kleid kommt; er hatte über disputierende, nicht zankende »Schöne« gescherzt; er hatte die Berliner Kleinbürger gekennzeichnet, wie sie, mit Proviant aller Art beladen, nach Französisch-Buchholz, einem Nachbardorf, ziehen, als hätten sie eine wochenlange Wallfahrt vor sich.

Das Kleinbürgertum gab nun auch der folgenden Künstlergeneration eine willkommene Gelegenheit, ihre berlinische Vergnügtheit zu zeigen. Gottfried Schadow gab hier den Ton an. Als guter Patriot machte er sich besonders gern über die Franzosen lustig. Sein Blatt, auf dem eine französische Schildwache mit dem Bajonett auf eine Waschfrau losgeht und sie ihm zuruft: »Jott, hab Sie sich nich so, la Vache!« ist ja ziemlich bekannt. Weniger bekannt aber wird das Blatt sein, auf dem er eine Tanzgesellschaft parodiert. Die übermütige Darstellung findet sich auf einer Einladung zu einem Fest Berliner Künstler. Unter der Zeichnung stehen die geflügelten, aus Angelys »Fest der Handwerker« stammenden Worte: »Na dadrum keene Feindschaft nich«. Wahrscheinlich bezog sich Schadows Darstellung des Tanzvergnügens auf bestimmte Vorkommnisse im Künstlerverein.

Schadows Blätter leiteten ganze Serien von satirischen Schilderungen aus dem Berliner Leben ein. An ihnen beteiligten sich alle bekannten Künstler. Auch Franz Krüger, der elegante Maler der Paraden und Reitausflüge, tat sein Scherflein dazu. Von seiner Serie »Berliner Fuhrwerke«, zu der wohl B. Dörbeck die meisten lieferte, wird ein Blatt ganz bestimmt Franz Krüger zugeschrieben. Es schildert die Kremser, die vor dem Brandenburger Tor hielten und die Berliner zu Ausflügen nach dem idyllischen Charlottenburg einluden, einem Dorf, das damals noch weit hinter dem Tiergarten lag. Die Kutscher hatten das richtige Berliner Mundwerk. Laut und aufdringlich forderten sie die Vorübergehenden zum Mitfahren auf. Es kam ihnen auch nicht darauf an, zur Unterhaltung ihrer Fahrgäste, die wegen des langen Wartens ungeduldig wurden, mit den Vorbeigehenden ihre Späße zu treiben. Ein beliebter Ausruf dieser Kremserkutscher war: »Herr Baron, fahren Sie mit, es fehlt bloß noch eene lumpigte Person!«

Ein anderes Blatt zeigt einen gefallenen Droschkengaul, der trotz aller Hilfe nicht wieder aufstehen will. »Det Luder is tüksch«, sagt der Kutscher von dem elenden Tier. Die Berliner Droschkenpferde waren eben selbst in den behäbigen Biedermeiertagen nicht wegen allzu großer Schnelligkeit berühmt.

Nein, die Berliner Kutscher befleißigten sich von jeher keiner allzu großen Liebenswürdigkeit. Ihr derbes, ungalantes Wesen entsprang allerdings weniger einer boshaften Absicht, als vielmehr einer gewissen Ungelenkigkeit und Beschränktheit. Holt da ein Kutscher eine junge Dame von der Oper ab. Es regnet, und große Pfützen bedecken das recht fragwürdige vormärzliche Berliner Pflaster. »Kommen Sie man, Fräuleinken«, sagte der Kutscher zu der zierlich beschuhten Dame, »ick habe Stiebeln an!«

Diese biedere Art wurde oft verspottet, die gutmütige Satire darauf ins Unendliche variiert. Forderte irgendein derber Handwerksmeister auf einem Tanzfest eine hübsche und sorgsam aufgeputzte Schöne zum Tanz auf. Sie blickt erschreckt auf seine derben Hände und fragt: »Doch nicht ohne Handschuh?«

Er tröstete sie: »Ick wasche mir nachher wieder!«

Freilich, es ist auch möglich, daß die Zimperlichkeit mancher Damen getroffen und die Unerschrockenheit und Unverfrorenheit des echten Berliners anerkannt werden sollte, der die kränkende Äußerung mit einer Zurechtweisung ihrer noblen Ansprüche erwidert.

Solche Charakteräußerung des Berlinertums wurde in einer ganzen Reihe von Blättern, »Berliner Volksleben« und »Berliner Redensarten«, geschildert. Mit besonders großer Liebe wurde die Geistesgegenwart und das Sichnichtverblüffenlassen der Berliner behandelt. Bruno Dörbeck illustrierte eine ganze Anzahl solcher spitzfindigen Redensarten:

Der gar zu neugierige Student, der gern mit dem hübschen Dienstmädchen oder der niedlichen Kleinbürgertochter bekannt werden möchte, wird abgefertigt, als er fragt: »Was gibt es da, mein schönes Kind?« »Gespicke Maikäfer, Musjeh!« Und der gar zu aufdringlich Arm, Schirm und Geleit Antragende – eine Szene, die sich in vielfachen Variationen findet – wird abgewiesen mit den deutlichen und offenherzigen Worten: »Ekel, wenn Er nu nich jeht, werd ick Ihm jleich zeigen, wat ne Harke is!«

Die lieblichen Mädchen hatten ihren Mund auf dem richtigen Fleck und wußten ihn auch gut zu gebrauchen. Zur Not machten sie auch aus den Fingern eine Harke und fuhren dem gar zu Aufdringlichen damit ins Gesicht. Bei dem verwegenen Menschenschlag, der nach Goethes Wort in Berlin lebte, war das vielleicht selbst in der Biedermeierzeit nötig.

Und auch die hübschen jungen Frauen, die zum Einkauf auf die Märkte gingen, durften nicht nur liebliche Geschöpfe sein. Die Berliner Höker- und Marktweiber waren allezeit gefürchtet ob ihrer furchtlosen Rede. Dörbeck hat eine von ihnen gezeichnet, wie sie zwischen ihrem Kram sitzt, die Arme verschränkt, und herausfordernd fragt: »Wat, Sie will mir?«

In diesen Worten liegt die ganze kriegerische Stimmung des Berliner Marktweibes.

Die großwerdende Stadt hatte natürlich auch in den untern Schichten eine gewisse Halbbildung erzeugt. Diese Halbbildung war denn auch oft ein Ziel des Spottes. Auf einem hübschen Hosemann-Blatt fragt eine Bäuerin eine Hökerin, was für eine Puppe auf dem Brandenburger Tor fahre. »Ja, nu, wat wird det sind! Alte römische Geschichte, Kurfürsten von Brandenburg, Siebenjähriger Krieg, det is et«, antwortete die Hökerin.

Aber nicht nur die Kulturzustände des niedrigen Volkes wurden verspottet. Die Berliner waren immer große Musikenthusiasten. Als Liszt spielte, fielen die Damen vor Enthusiasmus in Ohnmacht; der Sängerin Jenny Lind warfen sie ihre kostbaren Armbänder zu. Die Begeisterung für die Musik drang in jede Familie ein; überall wurde musiziert. Webers »Freischütz« erregte einen unbeschreiblichen Taumel. Jedes junge Mädchen sang: »Kommt ein schlanker Bursch gegangen«, jeder Jüngling schmachtete: »Einsam bin ich nicht alleine«, jeder Malergeselle übte auf seiner Leiter: »Durch die Wälder, durch die Augen«, und jeder Bäckerjunge pfiff den Jägerchor oder »Wir winden dir den Jungfernkranz«.

In einer solchen musiktollen Stadt gab es denn auch genug zu persiflieren. Und ein Blatt »Wie die Berliner zwei Taler mit Gewalt loswerden« ging kräftig mit den Musiknarren ins Gericht. Die sentimental-dilettantische Hausmusik aber wurde von dem anonymen Blatt »Pianoforte« getroffen.

Auch an den Sittenzuständen gingen die Karikaturzeichner nicht still vorüber. Hosemann, der feine Zeichner des alten Berlinertums, hat manch solch Blatt geschaffen, wie das »Alle Teufel – meine Frau!« betitelte, auf dem ein abenteuerlustiger Ehemann entdeckt, daß ihn die bisher unbeachteten Schönheiten und Reize seiner eigenen Frau verlockt hatten, als er sie auf dem Maskenball umwarb und um ihre Gunst anflehte.

In den Zeiten der administrativen Verwaltung, als noch keine Pressefreiheit den Ausdruck jeder beliebigen politischen Meinung erlaubte, als selbst die Werke der Bettina von Arnim noch allerlei schikanösen Verfolgungen der Polizeiorgane ausgesetzt waren, mußte die Karikatur auch gewissen politischen Anspielungen dienen. Auf einer Lithographie aus dem Vormärz verteidigt sich eine Reinigungsfrau gegen einen strammen Polizisten: »Ick sage ja keen Wort, Herr Kumzarius!« »Halt Sie's Maul!« fährt er sie an. »Sie räsoniert inwendig!«

Aber solche Blätter sind selten. Niemand mochte sich mit der allmächtigen Polizei einlassen. Höchstens wurden die allgemein öffentlichen Zustände gegeißelt. Das Berlin der ersten Hälfte des neunzehnten Jahrhunderts war nämlich ebensowenig eine saubere, mit allen erdenkbaren Zivilisationserrungenschaften ausgestattete Stadt wie alle andern Städte von Anno dazumal.

Eine Lichtstadt wie heute war Berlin also damals nicht. Mit ihrem Blendwerk lockte sie niemanden. Von den Wohltaten der Kanalisation wußte kein Mensch das geringste. Aber die Düfte, die bei der nächtlichen Reinigung der Gruben den Eimern entströmten, veranlaßten die Berliner doch, von »tragbarem Gas« zu sprechen. Sie waren überhaupt nicht allzu zart und schüchtern, die Berliner jener Tage. Selbst in den höchsten Kreisen zirkulierte eine Anzahl von kolorierten Blättern, auf denen saftige Witze, derbe Redensarten und unfreiwillige Entgleisungen illustriert waren. Doch bezweckten solche Blätter eigentlich nur die Darstellung des Kulturzustandes gewisser Schichten.

Mit Vorliebe wurde die Derbheit, Geistesgegenwart und Schlagfertigkeit der Frau aus dem Volke illustriert, wie auch ihre komische Redeweise, die oft die harmlos gemeinten Ausdrücke in ungewollter Zweideutigkeit umprägte. Wie auf dem Blatt, wo eine Frau vor einem Ochsen in einen Bijouterieladen flüchtet und mit den verfänglichen Worten eintritt: »Ach, verzeihen Sie, hier kommt ein Ochse!« Wer das Tier nicht sah, konnte wohl glauben, sie meine sich selbst.

3. Eckensteher Nante: »Rollen? For acht Jroschen zwee Stunden? Nee, det jreift mir zu sehr an!«
Lithographie von Theodor Hosemann (um 1820)

4. Zigarrenhändler: »Zigaro mit avec du feu?«
Lithographie von Franz Burchard Dörbeck (um 1830)

5. »Ekel, wenn er nich jleich jeht, werd ick ihm zeigen, wat 'ne Harke is!«
Lithographie von Franz Burchard Dörbeck (um 1830)

6. »Noch een Wort, und deine Neese hängt hinten!«
Lithographie von Theodor Hosemann (um 1830)

Redensarten solcher derben und doch harmlosen Natur zirkulierten damals zahllos. Die Dienstmädchen gaben besonders viel Anlässe zu solchen Aussprüchen. Auf einem Blatt ist einer festgehalten. Ein Dienstmädchen, das eine Torte trägt, ist von einer blinden Harfenspielerin angerannt worden. Sie ruft der Blinden zu: »Kann Sie nicht sehen, Sie blinde Kammermusikussen?«

Es gab aber unter den Dienstmädchen genug, die deutlich und mit aller berlinischen Pfiffigkeit antworten konnten. Ja, sie wußten sich damals schon im Leben zurechtzufinden. Und selbst die Ärmsten, die Bettelweiber, verstanden ihren Vorteil zu suchen. Weindauer, von dem wir leider nur wenige Berliner Blätter besitzen, hat eine Bettlergruppe von ausgezeichneter kräftiger Echtheit gezeichnet. Dies verschlagene Weib, das sich einen Blinden als Aushängeschild für seine Bettelei nimmt, könnte auch von einem heutigen dargestellt sein, könnte auch heute noch sein unverfroren-herzloses Wesen treiben.

Doch blieben auch die höheren Kulturgebilde nicht von der Ironie verschont. Im biedermeierischen Berlin hatte jede bessere Familie allwöchentlich ihren Teeabend, an dem die Freunde des Hauses teilnehmen mußten. An diesen Teeabenden wurden nicht nur schöngeistige Gespräche geführt, mit besonderer Vorliebe wurde auch Musik gemacht. Und die fiel dann nicht immer so köstlich aus wie im Salon der Rahel, wo die Milder und alle anderen Größen der Oper und des Konzertsaales die anspruchsvollen Ohren der Gäste erfreuten. In den bürgerlichen Familien traten besonders die Dilettanten in Aktion. E. T. A. Hoffmann schildert in seinen Schriften des Kapellmeisters Kreisler einmal spöttisch, wie die Töchter des Hauses sich von den Gästen quälen lassen, wie sie sich zieren und drehen, nur um zum Gesang genötigt zu werden.

»Das Talent des Fräulein Röderlein ist wirklich nicht das geringste. Ich bin nun fünf Jahre hier und viereinhalb Jahre im Röderleinschen Hause Lehrer. Für diese kurze Zeit hat es Fräulein Nanette dahin gebracht, daß sie eine Melodie, die sie nur zehnmal im Theater gehört und am Klavier dann höchstens noch zehnmal durchprobiert hat, so wegsingt, daß man gleich weiß, was es sein soll...«

Hoffmann blieb nicht allein mit seiner Kritik an der übertriebenen Höflichkeit und gesellschaftlichen Unaufrichtigkeit, durch die junge und alte Dilettanten zur Preisgabe ihrer Unzulänglichkeit und die Gäste zu unechter Begeisterung verurteilt wurden.

Die Kulturwelt war fünfundzwanzig Jahre lang durch Krieg und Kriegsgeschrei beunruhigt worden. Die französische Revolution und die napoleonische Epoche hatten die Menschheit gelehrt, die Vorzüge des Friedens über alles zu schätzen. Nun wollte sie leben und genießen. Wenn auch die Mittel knapp waren, so war die Lebenslust um so stärker. Die Lebensauffassung wurde nach dem idealistischen Aufschwung zum Anfang des 18. Jahrhunderts wieder materieller. Mit der Rücksichtslosigkeit, mit der sie in Berlin betont wurde, versöhnte aber ein gewisser Humor und die hinter all den Schwänken hervorlugende Selbstverspottung – die unwillkürlich damals eine Brücke von einem Kreis zu andern Kreisen schlug und oft unbemerkbar auch zu andern Kreisen hinüberführte. Vor allem war der Witz ein allgemeiner. Ebenso wie die Volksfeste allgemein waren und von allen Bevölkerungsschichten besucht wurden.

In Wahrheit war nämlich die Biedermeierzeit nicht jenes große Idyll vom stillen Marktplatz und der Postkutsche, die vielleicht täglich einmal darüber rumpelte. Wir wollen nicht vergessen, daß in jenen Jahrzehnten bereits die wichtigsten Eisenbahnlinien gebaut wurden, daß der Telegraph erfunden wurde, daß ein Friedrich List schon lange für ein einheitliches

Deutschland kämpfte und Pläne vorlegte, auf denen die neuen Schienenwege die Länder mit ihren Eisenbändern zusammenschweißten.

Und wenn auch in Literatur und Kunst das Volk fast immer nur als ein kleinbürgerlich-handwerklich gegliedertes erscheint, das fast nur komisch genommen wird: bei genauerem Zusehen hört man heraus, daß man sich nicht nur über das Volk belustigte, sondern daß man mitempfand mit ihm und auch an seinen Nöten nicht achtlos vorüberging.

Gab es doch damals schon genug »Volk und Masse«. Auch das Kleinbürgertum lebte zum größten Teil in proletarischen Zuständen. Und an Menschen, die nicht einmal eine kärgliche aber selbständige kleinbürgerliche Existenz hatten, fehlte es auch nicht. Die tapfere Bettina von Arnim hat in ihrem Werk »Dies Buch gehört dem König« ja genug und deutlich von dem großstädtischen Elend gesprochen. Und mehrere andere Schriftsteller berichten ausführlich über das Proletariat Berlins.

Wer die scherzhaften Schilderungen des Berlinertums jener Zeit, vor allem die Adolf Glaßbrenners, liest, der wird herausfinden, daß im Grunde genommen hinter dem Spott auch eine gute, stille Liebe steckt. Und ferner wird er merken, daß in dem Humor jener Jahre schon allerlei neues im Unterton mitklang, als Fritz Reuter in der Hausvogtei auf sein Urteil warten mußte und als man sang:

> Wer die Wahrheit kennt und saget sie frei,
> Der kommt in Berlin auf die Hausvogtei!

Die ganze Skala der kulturellen Erscheinungen reizte das Berlinertum der Biedermeiertage, seinen Witz leuchten zu lassen. Allerdings waren es nicht nur die Zeichner, die alles mit ihrem Witz glossierten, nein, dieser scharfe und doch belustigende Witz war eine allgemeine Erscheinung. Die Zeichner gaben häufig nur das Beobachtete wieder. Die Lebensbedingungen des Berliners waren jedenfalls nicht so leicht, daß er seine Schlagfertigkeit, seine Bissigkeit ganz hätte missen können. Die Lust zum Spotten und Lachen regte sich viel zu stark in ihm. Sie fehlte ihm auch nicht in der Biedermeierzeit.

Ihr haben wir die künstlerische Illustration des Berlinertums zu danken. Als alles, selbst Gratulationskarten, Einladungen und Patenbriefe, einer gewissen künstlerischen Konvention unterworfen war, kam auch der Witz zu seinem künstlerischen Recht. Aus ihm können wir uns ein vollkommenes Gemälde der Stadt und ihrer Kultur herstellen. Vor allem aber erkennen wir, daß im Berlin der Biedermeierzeit nicht nur romantische Empfindungen oder idyllische Bescheidenheit die Hauptziele des Lebens waren. Wo der Witz so hoch im Kurse steht, da ist Rührigkeit und Regsamkeit, da gehen die Ideale des Lebens nicht in genügsamer Behäbigkeit unter. Und einen solchen Witz besaß Berlin in den Biedermeiertagen. Die besten Persönlichkeiten schufen ihn und erfreuten sich an ihm. Das war die Glanzzeit des Urberliners. Von seiner Art, von seinem Witz und seinem Humor soll dieser Abschnitt einiges in unsere Zeit hineinretten.

Ist der Berliner Witz inzwischen auch kürzer und knapper und drastischer geworden – er ist doch ganz der Witz des Urberliners von Anno dazumal: Er scheut vor nichts zurück, will aber zum Lachen bringen. Und das dürfte ihm auch fast immer gelingen.

Biedermeierwitze und Anekdoten

Ooch 'ne scheene Jejend!

Zwei Schneiderfrauen, die sich seit langen Jahren nicht gesehen hatten, trafen sich im Januar 1816 zufällig auf der Straße. »I Herrjees, Frau Jevattern«, sagte die eine, »leben Se ooch noch? Na wie jeht's Ihnen denn?«

»I, ick danke, et jeht mir so. Det mein Ältester jeblieben is, wissen Se schon, nich wahr?«

»Nee, wat ick höre! Is et möglich? Der Jottlieb is dot? I, i, wo is er denn jeblieben?«

»Jetzt erscht bei Bellfalljanks! Aber – irr ick mir nich, so is ja Ihr Lude ooch mitjejangen? Is der wiederjekommen?«

»I bewahre, Frau Jevattern. Den hat eene Kugel von hinten jeradezu dotjeschossen. Ach je, mir kommen de Tränen in de Oogen, wenn ick dadran denke.«

»Na, sind Se ruhig«, tröstete die andere. »Sie müssen immer denken: Jott hat es so jewollt. Is er denn ooch bei Bellfalljanks?«

»Ach nee, nich bei Bellfalljanks, nee, bei Leipzig is er jeblieben.«

»Also man bei Leipzig? So? Na, heeren Se, Frau Jevattern, trösten Se sich, Leipzig – det is ooch 'ne scheene Jejend.«

Die neue Geschichte

Unterhaltung zweier Männer aus dem Volke.

A: Sag mal, hast du denn schon davon gehört?

B.: Wo von denn?

A.: Nu, von der Jeschichte mit den – na, da draußen, da neben die – jees! wie heeßen denn die Leute?

B.: Meenst du vielleicht die neue Bierkneipe?

A.: I, nee doch! Ick meene die Jeschichte da mit den – na, der Name schwebt mir uf de Lippe. Die da draußen vorgegangen is, da bei – da draußen bei – Jott, du mußt ja den Ort kennen!

B.: Ach Jees, det is die Jeschichte mit den – ja, die kenn ick – mit den – Jees wie heißt er doch. Die meenste?

A.: Richtig, die meen ick. Also du kennst se schon?

B.: Ja, die kenn ick, die hat mir ja der – der – na wie heeßt er denn – erzählt. Der – da draußen – du weeßt ja.

A.: Ja, ick wees schon, det is die Jeschichte! Von dem hab ick se ooch.

Ewig schade!

Ein schlanker Gardeleutnant bemühte sich eines Abends, einer jungen Dame, die von ihrem Dienstmädchen nach Hause begleitet wurde, unter den Hut zu sehen.

»Soll ick vielleicht leuchten?« fragte höhnisch das Mädchen, indem sie ihm die Blendlaterne unter die Augen hielt.

»Nein!« antwortete der Leutnant, »auf Ehre, ich bin mir selbst Licht genug!«

»Ach, det is schade«, versetzte das Dienstmädchen, »det is ewig schade, det Sie nich bei uns uff'n Flur hängen!«

Revanche

Eine aufgeputzte Dame, deren Stand leicht zu erraten war, stieß auf der Straße eine vorübergehende Köchin etwas unsanft an.

»Na«, revanchierte sich diese, »mach' Se sich man nich so breet, Sie jemeenet Mensch! Wat Sie is, bin ick schonst lange jewesen.«

Glücklicherweise kein Malheur

Eine für alles, die von ihrer Herrschaft bei einer Lustfahrt über Land mitgenommen worden und das Unglück erlebt hatte, daß der Wagen umwarf, erzählte diesen Vorfall ihrer Hauskollegin und äußerte schließlich:

»Je, et is noch ein wahres Jlück, det bei det Unglück jlücklicherweise keen Maleer passiert is.«

Der erste

Ein Nachtwächter saß gewöhnlich auf der Treppe eines Hauses, in dem viele junge Leute wohnten, die ihm des Nachts oft Beschäftigung und selten Biergelder gaben.

»Na!« fragte eines Nachts sein Kollege, der ihn halb träumend dort fand, »haben dir heite schonst viele von deine Schafsköppe jestört?«

»Nee!« antwortete er. »Du bist der erste.«

Vergnügen

Ein Berliner, der durch das Dorf Steglitz ging, sah den Wirt eines dortigen Kruges gerade damit beschäftigt, einen Knaben ganz schrecklich durchzuprügeln. Nachdem dies geschehen und der Kleine noch mit einem heftigen Stoß in den Hausflur geworfen worden war, fragte der Herr aus der Residenz den Gastwirt, wer der junge Mann sei und woher er wäre.

»Der is aus de Stadt«, erwiderte der Gefragte sehr ruhig. »Es ist mein' Bruder sein Sohn, un hält sich hier bloß zum Verjnüjen een paar Dage uff!«

Entschuldigung

Ein Leutnant bemerkte, daß sein Kaffee seit mehreren Tagen so dick sei; er rief deshalb seinen Burschen ins Zimmer und fragte ihn nach der Ursache dieses Übels.

»Ja, seh'n Se, Herr Leutnant«, sagte dieser, »der alte Trichter is entzwee jejangen, un nu hab' ick einen Strumpf jenommen, un da is et möglich –«

»I, zum Donnerwetter!« rief der Offizier. »Kerl, auf Ehre, ich glaube, du bist wahnsinnig!«

»I Jott bewahre!« antwortete der Bursche voll Seelenruhe. »Jlooben Sie mir doch man, det ick weeß, wat ick due! Ick weeß ja, det Sie sich einrichten müssen, un werde nich so rinrasen. Ick habe ja man en alten Strumpf jenommen!«

Brief eines Berliner Schustergesellen

an seinen Freund in Magdeburg.

Jeliebter Freind!

Damit de siehst, det ick Dir nich verjesse, schreib ick an Dir diese paar Zeilen, die ick an Dir richte, perpost. Na wie jeht et Dir denn, alter Schwede? Siehste woll, so kommt et, ick hier, Du da, ja, ja, det Schicksal is so, immer rum, haste nich jesehn, schubbs, is man fort! Wenn ick noch immer dran denke, wie wir in Vogelsang und in Herrenkrug den dollen ausjetrieben haben, denn werd mir janz schwabblich um't Herze. Denkste woll nich dran, wie wir Beede den Dischler Backbesen durchgewakkelt haben, hurrjeh, die Keile!

Mir jeht es hier pansabel, Dir ooch?

Ick bin alleweile beim Schuhmacherfaberkanten Hellmerding in Comißion un arbeete für Stückarbeet; meine Mutter is dot, und denn hab' ick Dir ooch jetzt eine Liebste mir anjeschafft. Fritze, die sollste sehen! Schwerehagel, des is 'n Mächen, die hat sich jewaschen! Du jloobste woll et is ein Dienstmädchen, ja Kuchen, wir sind vornehmer. Prostemahlzeit, bei't Korbs de Ballette is se enkaschirt. Die is so jut zu mir, na ob! Denke Dir mal, mir zu Liebe hat se noch mit eenen Lojenschließer sone kleene Pussage anjeknippert, un der schuftet mir det Abends so in't Parterr rin. De Opern kennten mir recht gut jefallen, wenn se man nich immer so singen wollten, aber da sperren se den Mund uf un grölen Zeugs zusammen, wat keen Mensch versteht, und det Ballette is eijentlich ooch nischt, aber det derf ick ihr nich sagen, denn da würde sie mir scheene. Nee, uf die Weise versteht se keenen Spaß, aber sonst jeht et mit ihr. Aber det Schauspiel, det lass' ick mir jefallen, da is Sinn un Verstand drinn, da sprechen se manchmal janz vernünftig.

Wenn ick Dir Neues schreiben soll, denn weeß ick eejentlich nischt. Sage't aber keenen Andern wieder, et soll Jeheimniß bleiben.

Bei Posematzky's draußen haben se sich neulich so jekitzelt, det mancher wie'n Blutijel aussah, un de Nacht unruhig jedreemt hat. Eener von de Choristen, Denohr, der immer det Donnerstags mit meine Liebste hinjeht, hat et mir erzählt. Neulich war ick ooch in de Tiermenajerie vor't Brannebur-jerne, mit meine Liebste un einen Koofmann, der vor uns Beede bezahlte uf den zweeten Platz. Potz Dausend, die Tiere hettste mal sehen sollen, wie se zu essen kriegten. Der Löwe hat doch so jebrüllt, det ick orndtlich en Schreck kriechte, un wie ick mir umdrehte, hat meine Liebste ooch sonnen Schreck jekriecht, det se jrade mit ihren Mund uf den Koofmann seinen fiel. Wenn'n anderer bei is, denn bin ick ihr Kuhsehng: un denn ästemiert se mir nich viel, aber wenn ick alleene bei ihr bin, denn schickt se mir fort, wat se vor Jänge hat, un denn muß ick ihre Mutter Wasser rufholen, u. s. w. Un det schlag' ick denn ooch nich ab, weil ick ihr jut bin. Ne aber det war'n jettlicher Witz mit det Vieh in die Menajerie! Hättst mal sehen sollen, die Menge Affen un Bären und Fixa un Pampajeis un wer weeß wat noch. Ein jroßes Tier, det kannt ick nich, un habe't ooch verjessen; et schien mir ein wilder Ochse zu sind.

Der ich bin Dein Freund

Robert Kienlitze

Schleise, 2 Treppen hoch, Nummer 7,
an't Wasser linke Hand jleich rechts,
wenn man vorne rum uf'n Hof
jrade zu.

Postkrips.

Wenn ick nich zu Hause bin, denn nimmt mein Wird de Briefe an vor mir, der Wohnt aber seit Michele nich mehr da. Aber da is en Anderer.

Beides stört sehr!

In einem Kaffeehause führten zwei ältliche Herren ein politisches Gespräch, dem mehrere der Anwesenden mit gespanntem Interesse zuhörten. Ein junger Laffe aber spazierte mit einer noblen Frechheit mehrere Male zwischen beiden Herren hindurch, die so weit auseinander saßen, daß dieses eben möglich war, ohne einen zu berühren. Die Zuhörer bemerkten murrend diese Ungezogenheit, nur die Sprechenden schienen nicht darauf zu achten. »Ja, ja, wie ich Ihnen sage, Herr Doktor«, sprach der eine mitten im Fluß der Unterhaltung, »da, wo Sie sitzen, liegt Belgrad, wo ich sitze, liegt Semlin und mitten durch läuft die Sau.« – Ein allgemeines Gelächter erscholl, und der Stutzer fand es für geraten, seine Promenade nicht zu wiederholen.

Der schlechte Taxator

»Wie alt schätzen Sie mich?« fragte neulich in einer Gesellschaft eine Dame, nachdem sie sich sehr unartig und unzart betragen hatte, einen neben ihr sitzenden Herrn.

»Entschuldigen Sie«, antwortete dieser, »ich habe gar kein Talent zum Taxieren. Ich sehe wohl, daß Sie nicht alt sind, aber ich kann Sie trotzdem nicht schätzen.«

Verstärktes Lob

»Bin ich nicht schön gebaut?« fragte neulich ein sehr bornierter Stutzer eine junge Dame, indem er sich mit beiden Händen in die Taille griff.

»Jawohl!« antwortete diese. »Bei Ihnen ist für's erste kein Einfall zu vermuten.«

Wozu?

Ein Sonderling war sehr krank und sagte zu seinem Bedienten, der sich nach ihm gebildet hatte: »Geh zum Arzt und hole mir Medizin!«

»Ja, hör'n Se mal«, antwortete der Diener, »der Arzt is am Ende nich zu Hause?«

»Er wird schon zu Hause sein, geh nur!«

»Na aber, wenn er nu ooch zu Hause, un er jibt mir keene Medizin?«

»Nimm meine Karte mit, er wird sie dir nicht verweigern.«

»Na, un wenn er mir ooch Medizin jibt, so wird sie vielleicht nischt helfen?«

»Verdammter Kerl, nun gehst du!«

»Nee, wozu? Ick will sojar zujeben: Die Medizin hilft, aber was nützt das? Sterben müssen Se zuletzt doch mal, un des können Se jetzt akkurat ebenso gut, wie en andermal.«

Die Sterbende

Eine Budenbesitzerin Berlins lag auf dem Totenbette und schied sehr ungern von dieser Welt, deren Früchte sie so lange der begehrenden Menschheit dargebracht hatte. – Ihr Ehegespons stand etwas in Nebel gehüllt vor ihr und tröstete sie mit den Worten: »Jräme dir nich darüber, det de sterben mußt; det find't sich allens, un et wird schon jehn! Seh mal, eenmal müssen wir alle in unserm Leben sterben!«

»Schafskopp!« lispelte die Kraftlose und richtete sich mit Mühe ein wenig empor, »det is et je eben! I, wenn man zehn- oder zwölfmal sterben müßte, denn würd' ick mir aus det eenemal nischt machen!«

Der neue Minister

Ein Eckensteher fragte seinen Kameraden: »Weeßt du schon, daß wir einen neuen Minister gekriegt haben?«

»Nee«, war die Antwort, »ick dachte, die Witwe würde et fortsetzen.«

Zartgefühl

Ein Mann wird auf der Straße vom Schlage gerührt und stirbt. Augenzeugen stellen aus Papieren, die sich bei ihm vorfinden, Namen und Wohnung des Toten fest und empfehlen einem Droschkenkutscher, der sich erbietet, die Leiche nach Hause zu fahren, die Angehörigen schonend vorzubereiten. »Det woll'n wa schon machen«, sagt er und fährt los. Vor dem Hause angelangt, steigt er drei Treppen empor und klingelt. Eine Frau öffnet. »Sind Sie vielleicht de Witwe Schulzen?« fragt er. Sie erwidert: »Mein Name is Schulze, aber Witwe bin ich nicht.« Er: »Wolln wa wetten?«

Unverwüstlich…

»Die Woche fängt jut an!« (wird zurückgeführt auf einen Verbrecher, der am Montag früh hingerichtet wurde). Als er zum Richtplatz gefahren wurde und das Volk dem Wagen vorauseilte, rief er: »Kinder, rennt doch nich so! Eh' ick nich da bin, jeht's ja doch nich los!« Als er die Treppe zum Schafott betrat, sagte er: »Det Dings wackelt ja lebensjefährlich!«

Verstehste?

»Wir Berliner sind nicht so schwer von Begriffen«, sagte ein Tabak-Spinner, als man ihm vor seiner Hinrichtung das Urteil vorlas und ihn fragte, ob er es auch verstanden habe.

Trost

Wächter Kalbach besuchte einst bei Tage seinen besten Freund und Kameraden, der des Nachts mit ihm vor einem Hause schlief. Er kletterte mit Mühe die Treppe hinauf und fand seinen Mann. Als der Besuch zu Ende, begleitet ihn sein Freund noch bis zur Treppe; Kalbach aber trat fehl, stürzte alle Stufen hinunter und blieb unten liegen.

»Du«, rief ihm der oben gemütlich zu, »laß det jut sind! Zu Ostern zieh' ick paterre!«

Der gute Rat

Ein Handwerksbursche fragte in der Breiten Straße einen Droschkenkutscher, wie er wohl zunächst nach der Stadtvogtei käme?

»Jehn Se man hier in den Laden da drüben, un stehlen Se en Pack seidene Dücher!« war die Antwort.

Die Geschichte

Ein äußerst pomadiger Maurergeselle saß im Kreise mehrerer Kollegen und erzählte mit der größten Ruhe eine Geschichte, die durchaus nicht enden wollte und sogar die Phlegmatischsten ungeduldig machte. Endlich aber nahm einer aus seiner hölzernen Dose eine Priese und sagte: »Hör' mal, Wuppdich, nu sei so jut un beeile dir en bisken mit deine Jeschichte; ick verreise det andre Monat.«

Pfandleihe

Ein Mädchen für alles hatte sich mit ihrem Grenadier erzürnt, weil er in der Hasenheide mit einer andern charmiert hatte. Der Kriegsmann, der wahrscheinlich seine Offiziere zum Muster nahm, leugnete den Bruch der Treue und sagte: »Ick verpfände dir meine Ehre, daß es nich wahr is!«

»Du verpfänd'st mir deine Ehre?« erwiderte höhnisch Karoline, »na, für Mottenfraß stehe ich nicht.«

Gute Hoffnung

Hausfrau: Herr Jesus! Rieke, du bist am Ende wohl gar guter Hoffnung?

Magd: Na, Sie sind et ja ooch!

Hausfrau: Ich bin es aber doch durch meinen lieben Mann!

Magd: Nu, nu, wenn et weiter nischt is, durch denjenigen bin ick es ooch!

Die Waise

Ein Junge, dessen Mutter gestorben ist, wird gefragt: »Wat habt ihr denn für'n Dokter jehabt?«

»Jar keenen, Mutter is so jestorben.«

Verschiedene Ansichten

Hempel: Lorenzen, wat meenste, worum woll det Freilein da drüben so'n kurzet Kleid anhat?

Lorenz: Nu, weil et bei die hinreichende Zeit zum Wachsen hat, eh'r se sich en neiet anschaffen kann.

Hempel: Ne, da irrste Dir, Lorenzen. Sie hat bloß Angst vor't Stolpern: weil se früher in det lange Kleid so oft zu Falle jekommen is.

Sittlichkeitsverordnung

Müller: Nee, die armen Mädchen vom Corps de ballett!

Schulze: Warum denn?

Müller: Müssen sie die Kleider jetzt noch länger tragen!

Schulze: Na, wat schad't denn das?

Müller: Uns nischt, aber die armen Mädchens! Nu müssen sie ja die Beene noch höher schmeißen!

Das Stehlen

Mehrere Hökerinnen saßen auf einem Platze und unterhielten sich. Während des Gesprächs zog die eine aus Scherz der andern das Schnupftuch aus der Seitentasche. Diese bemerkte es erst, als die andern lachten, und sagte, indem sie das Tuch wiedernahm:

»Det muß ick sagen, det Stehlen verstehste meisterhaft.«

»Na hör mal«, antwortete die andere und sah sie ein wenig von der Seite an. »*Dein* Lob könnte mir wirklich stolz machen!«

Erklärung

Zwei Hökerinnen sitzen auf dem Markte; ein buckliger Edelmann geht vorüber.

Schirz: Seh mal, Willichen, den Pucklichen, der da hinlooft. Is det nicht der adlije Herr?

Willich: Ja, det is en Ast von seinem Stammboom.

Die Uhr

Ein Fremder, der sich genierte, einen nobleren Mann anzusprechen, fragte einen Eckensteher, ob er ihm nicht sagen könne, was die Uhr sei?

»I, gewiß!« antwortete dieser phlegmatisch: »Wenn Se ene bei sich haben, kann ick ja mal nachsehen, wat se is!«

Zwei

Als man am Werderschen Markt einen Eckensteher fragte, warum wohl die Werdersche Kirche zwei Uhren habe, antwortete er schlagfertig:

»Na, wenn zwee mit'n Mal nach de Uhr sehen wollen, dann brauch' doch keener uf den andern zu warten!«

Ein lustiger Kerl

(zu einem andern, im Gehen): »Nee, wat det Berlin for'n Lausenest is, det jeht ins Weite! Nee, solch Lausenest is mir noch nicht vorjekommen! Denke dir: Neulich will ick mir zwee Dukaten wechseln – hab ick keene!«

7. Aus einem Käfig ist ein Kaninchen entsprungen und vom Hund eines Passanten totgebissen worden. Schusterjunge zum Polizisten: »Ick kann et bezeujen, det Karnickel hat anjefangt!«
Lithographie von Franz Krüger (um 1820)

8. »Qui vive?« – »Gott, hab er sich nich, la vache!«
Lithographie von Johann Gottfried Schadow (um 1829)

Das Schnupftuch

Ein Provinzler, zum ersten Male in der Residenz Berlin, besah sich die Straßen und verweilte vor einem Bierladen Unter den Linden. Kaum fünf Minuten in Betrachtung vertieft, wurde er gewahr, daß eben eine Hand aus seiner Rocktasche fuhr. Er packte den Eigentümer, und zu seinem Erstaunen war es ein junger Mensch von etwa 17 Jahren; er stellt ihn moralisch zur Rede und sagte: »Schämen Sie sich nicht, in Ihren jungen Jahren sich schon aufs Stehlen zu legen?«

Da antwortete der freche Jüngling: »Ick, ick mir schämen? Schämen Sie sich een bisken, kommen nach de Residenz un besitzen nich eenmal een seidenes Schnupftuch!«

Alte Geschichte

(aus der Zeit, als jeder einziehende Fremde am Tor seinen Namen angeben mußte).

Torschreiber: Wie heeßen Sie?

Fremder: General Globig.

Torschreiber: Ach wat, jloob ich! So wat muß man doch wissen.

Sonne und Mond

B.: Sage mal, Spieß, wat is entbehrlicher, die Sonne oder der Mond?

Sp.: Na, Schafskopp, doch jewiß die Sonne, denn am Tage is et schonst von selbst helle.

Seltener Gewinn

Zu einem vornehmen Manne kam neulich ein fremder Barbier, packte seine sieben Sachen aus und schickte sich zum Rasieren an.

»Was wollen Sie hier?« wurde er barsch angeredet.

»Ihnen balbieren!«

»Ich brauche Sie nicht; ich habe schon einen Barbier!«

»Nee«, antwortete der Bartvertilger, »ick bin jetzt Ihr Balbier. Sie müssen sich jetzt von mir balbieren lassen. Nämlich ick un Ihr eijentlicher Balbier, wir spielten jestern abend beede in ne Tabajie Schafskopp, un er verlor all sein Jeld an mir, un wie er keen Jeld mehr hatte, da spielten wir um unsere Kunden Schafskopp, un da hab' ick Ihnen jewonnen.«

Keile noch dazu?

Glaßbrenner war damals eine der beliebtesten Persönlichkeiten Berlins.

Er hatte in seinem »Berlin, wie es ißt und trinkt« die Berliner staunenswert treu geschildert, seine Satiren, seine Witze bildeten das Stadtgespräch – der hohe Bundesrat im freien Frankfurt hatte für ihn die schönste Reklame gemacht. Dieser hohe Bundestag (Glaßbrenner schrieb immer – weil ihm ein Härchen in die Feder geraten war – »Hundestag«) hatte nämlich das damals letzte Werk Glaßbrenners: »Bilder und Träume aus Wien« für die sämtlichen 39 deutschen Staaten und die umliegenden Dorfschaften verboten.

Glaßbrenner war der Held des Tages und – weihrauchbenebelt! Natürlich schrieb er ein Theaterstück.

Cerf nahm es an. Das Stück war am Abend vor dem geschilderten Morgen des Mißmutes mit Pauken und Trompeten durchgefallen.

Das ging dem »Dramaturgen« Cerf an die Nieren. Er war in der Loge des ersten Ranges gestürzt, wo »Adolph« saß, aber die beabsichtigten Vorwürfe blieben ihm in der Kehle sitzen, denn Glaßbrenner – pfiff mit den Andern, so laut er konnte!

»Wie haißt?«

Glaßbrenner, der nur, wenn er den Frack anhatte, nicht Berlinisch sprach, zischelte ihm ins Ohr:

»Soll ick etwa alleene Bravo klatschen, det se mir rauskennen? Nee! Keile noch dazu? Det möcht ick nich!«

Vorhänge

»Bitte, kommen Sie mir nicht an die Vorhänge!« bat eine Dame einen Eckensteher, der einen Gegenstand in ihre Wohnung gebracht hatte.

»I, det schad't nischt«, antwortete er; »ick bürschte mir nachher wieder ab!«

Wo?

Ein Eckensteher war zu Falle gekommen und hatte sich Schaden getan. Zu einem Wundarzt gebracht, entgegnet er auf dessen Frage »Nun, wo haben Sie sich denn weh getan?« einfach:

»Uff'n Alexanderplatz!«

Des Lehrjungen Traum

»Meester, Herrje, Meester, mir hat de verjangene Nacht wat jedröhmt«, rief der Lehrjunge Lude seinem Meister Bolle eines Morgens entgegen, da dieser viel auf Träume zu geben pflegte.

»Na, wat hat'n dir denn jedröhmt, du nichtsnutziger Bengel?«

»Meester, wir beede, ick un Sie, haben jeder in eene Tonne jestanden. Sie standen in eene Tonne voll Honig, un ick stand in 'ne Tonne voll schwarzer Seefe.«

»Na, det is dein Glück, det es nich umgekehrt is. Sonst hättest du deine richtige Keile besehen.«

»Ja, warten Sie man, Meester, nachher sind wir beede aus de Tonne rausjestiegen und denn –«

»Na, was denn?«

»Un denn hat eener den andern abjeleckt.«

»I, du infamiger Bengel!«

Ein Engros-Geschäft

Eckensteher Nante wurde einmal von einem Bekannten gefragt: »Na, wie jeht's dir denn, Nante?«

»O, mir jeht's jut!« war die Erwiderung. »Ick habe jetzt 'n Enjros-Geschäft, ick handele mit Spree!«

Er verkaufte nämlich das Wasser der Spree zum Waschen.

Arbeitsfreude

»Und wenn sie uns die Stiefelsohlen mit Kaviar beschmier'n,
Wir lassen uns, das sag ich euch, zur Arbeit nicht verführ'n.«

Die Arbeit

Wer Arbeet kennt, der hüt sich vor.

Der kann det jrößte Stücke Arbeet liejen lassen.

Der hat jar keene Angst vor de Arbeet, der legt sich bei hin.

Den Kerl, der de Arbeet erfunden hat – wenn ick den vor mir hätte, oder: Der muß nischt zu dun jehabt haben.

Beschäftigung is ganz schön, aber se darf nich zur Arbeet ausarten.

Arbeeten is schön – da kann ick stundenlang bei zusehn!

Seh mal, Ede, ick würde ja ooch arbeeten; aber bei 't Arbeeten verbummelt man bloß die Zeit.

Der Philosoph

Kinder, lernt nischt, sonst müßt ihr arbeeten!

Stammbuchverse aus dem Vormärz

Aus dem Stammbuch eines Schustergesellen.

Halte Dir an die Natur,
Sie allein bejlückt Dir nur.
Laß das Kneipen und den Kümmel,
Denn sonst kommste nich in 'n Himmel!

Deine geliebte Schwester
Mathilde.

Holder, sentimentaler Tschuster!

Wer nie gewußt, was nie gelebt,
Der hat vergebens auch gestrebt!
Wo Schatten blüht, da ist kein Glanz,
Wohl aber strebt der grüne Kranz,
Und duft'ger noch die Hyazinthe.
Darum sag' ich allen es geschwinde:
Kamöne war ein reiner Engel,
Die Tugend aber liebt den Stengel!

Bei diesen Zeilen, die manche schöne Lehre enthalten, welche schwer zu verstehen ist, erinnern Sie sich des kleinen Tertianers, bei dessen Eltern Sie chambergarnierten, 3 Taler das Monat, mit noch einem Pechmalion zusammen. Leisten Sie und bezwecken Sie nur Gutes, selbst wenn Sie mit Ihrem Absatz Pech hätten. Sein Sie nie wie Ihre Stiefel: nie ledern, nie vernagelt, nie gestumpft, und lassen Sie sich nie zu solchen Zwecken anziehen wie jene: um mit Füßen getreten zu werden. Vermeiden Sie es, auf gespanntem Fuß mit jemand zu leben, weil Sie sonst Wichse bekommen oder einmal gehörig versohlt werden könnten. Dann werden Sie immer gute Geh-Schäfte machen, nie einen Helfer brauchen, sondern einst, zufrieden mit sich selbst, einschustern.

Alexander (Lehmann) der Kleine,
einstiger Referen-Darius.

Zu Dionys, dem Tyrannen, schlich
Möros, dem Dolch im Gewande!

Wenn Sie diese scheene Zeilen von Schillern sehen, erinnern Sie sich jütigst an Ihre Freundin

Caroline Matschke.

Du, hör mal, mit die Inschreibereien weeß ick nich Bescheid, damit laß mir zufrieden.

Berlin, den 17ten Februar 1838.

Wer ick bin, weeßte.

Ick soll mir in Dein Stammbuch schreiben;
Ach Jott! det ließ ick jerne bleiben!
Da't aber mal jeschehen muß,
Mach' ick am Anfang ooch den Schluß!
Und darum keenen Verdruß!

Auch ohne Düses jedenke mich, der ich war und jewesen bin

Dein
Fritz aus Potsdam gebürtig, evangelischer
Reljon, 27 Jahr alt.

Symbolicum. Üb' immer Treu und Röthlichkeit,
bis de einstmals Meester wirscht.

Lebe, wie Du, wenn Du stirbst,
Wünschest wohl jespeist zu haben!

Wenn Du, juter Jottlieb, dazu en Bild haben willst, denn

koof dich eens, un klebe es Dich rin! Übrijens bleib' ick Dein Freund, un Du kannst Dir auch an mir erinnern, des haste umsonst, des kost nischt. Un zuletzt jeb' ick Dir noch 3 jute Lehren mit uf den Weech: erschtens, wenn De keen Jeld hast, denn jib nich zu ville aus! zweetens, wenn De hinfällig jeworden bist, denn werde ooch wieder uffständig! un drittens, wenn De mal unter 'ne Heerde Rindvieh jehst, denn mache Dir ein Zeechen, sonst find't man dir nich wieder raus.

Dein aufrichtiger Freund
Joseph Kammasche.

Unsre Freundschaft, die soll brennen
Wie ein dickes Dreierlicht,
Freunde wollen wir uns nennen,
Bis der Kater Junge kricht.

Dies wünscht dir
Dein dich liebender Freund
Max.

Originale und Persönlichkeiten

Den Menschen und sein Wesen lernt man am besten durch beglaubigte Vorkommnisse oder doch durch eine porträtähnliche Karikatur kennen. Deshalb sind hier eine Reihe von Anekdoten und Schilderungen von Berlinern zusammengestellt. Manche, wie Madame Dutitre, der alte Heim, Friedrich Wilhelm IV., gehören zwar dem Vormärz an. Doch zeigen die später wirksamen Originale den Zusammenhang mit ihren Vorgängern. Menschliches und menschlicher Witz bleiben sich gleich – und leuchten immer wieder von neuem auf.

Madame Dutitre

Diese Madame Dutitre, die im Anfang des 19. Jahrhunderts Berlin mit ihren Redensarten belustigte, ist in manchen Zügen eine echte Berlinerin gewesen. Unerschrocken, praktisch, aber auch mit mancherlei Unarten behaftet, eine Frau Raffke der Biedermeierzeit. Sie hatte als armes Mädchen einen reichen Schlächter geheiratet und konnte schließlich ein Stockwerk Unter den Linden bewohnen. Das hob ihre Selbstgefälligkeit und veranlaßte Berlin, ihr Treiben genau zu beachten. Daher wissen wir manches von ihr, das allerdings nur eine Seite des Wesens der Berlinerin zeigt: Die Seite, die belustigt. Nach ihrem Tode hat man ihr viele Aussprüche zugeschrieben, deren Echtheit nicht immer feststeht. Über ihren Besuch bei Goethe berichtet Parthey:

Ein Besuch der berühmten Frau Dutitre erregte vor einiger Zeit in Berlin große Heiterkeit, besonders wenn sie ihn selbst in ihrer naiven Weise erzählte:

»Ick hatte mir vorjenommen«, sagte sie, »Joethe doch ooch mal zu besuchen, und wie ick mal durch Weimar fuhr, jing ick nach seinen Jarten und jab dem Gärtner eenen harten Daler, daß er mir in eene Laube verstechen und eenen Wink jeben sollte, wenn Joethe käme. Und wie er nun die Allee runter kam und der Järtner mir jewunken hatte, da trat ick raus und sagte: ›Anjebeteter Mann!‹ Da stand er stille, legte die Hände auf den Rücken, sah mir jroß an und fragte: ›Kennen Sie mir?‹ Ick sagte: ›Jroßer Mann, wer sollte Ihnen nich kennen?‹ und fing an zu deklamieren:

›Fest gemauert in der Erden
Steht die Form aus Jips jebrannt!‹«

Nach anderer Quelle soll Goethe gesagt haben: »Es freut mich, daß Sie meinen Freund Schiller ehren.« Als man sie später über ihren Irrtum aufklärte, soll sie gesagt haben:

»Ach wat, det macht ja nischt, Schiller und Joethe sind ja janz egal.«

Eines Tages ging sie, wie Tietz erzählt, mit ihrer Gesellschaftsdame Unter den Linden spazieren. Mit lauter Stimme erzählte Madame einer Freundin, wo sie am Vormittag schon überall Besuche gemacht habe: »Denken Se sich, Liebeken, von de B. bin ick zu de D. jeloofen, und von de D. bin ick zu de M. jeloofen, und denn bin ick wieder zu de F. jeloofen, und von de F. bin ick zu de K. jeloofen, und wie ick so jeloofen bin –«

»Aber Madame Dutitre«, flüsterte die Begleiterin, »on dit: gegangen, gegangen, nicht jeloofen.«

Aber da legte die alte Dame los:

»Wat, gegangen, gegangen? Mamsellken, ick bin jeloofen, jeloofen, un ick habe den reichen Dutitre jekriegt – und Sie sind gegangen und gegangen und haben noch keenen nich jekriegt. Also is jeloofen besser wie gegangen, merken Sie sich det.«

Karoline Bauer berichtete folgende Anekdote von ihr:

In der Königsstraße sah sie ein entfesseltes Rind ihr entgegenspringen. Voll Geistesgegenwart reißt sie die nächste Glastür auf, stürzt in den Laden und ruft:

»Ojemine, hier kommt ne dolle Kuh.«

Als ihre Töchter von Freiern umschwärmt wurden, sagte sie derb, wie Frau von Hohenhausen berichtet:

»Ja, wo ein Aas ist, sammeln sich die Adler.«

Auf die Frage, wie ihr das Konzept eines berühmten Virtuosen gefallen habe, antwortete sie:

»Oh, ick habe mir sehr amüsiert, wenn man die eklichte Musik nich jewesen wäre.«

Ihr Hausarzt war der alte Heim. Um ihm den Gang in ihr Haus zu sparen, riß sie das Fenster auf, rief hinunter: »Dokterchen, mir fehlt nischt« und zeigte ihm die Zunge.

Als ihr Mann auf dem Sterbebette lag, wollte er seine Gattin noch einmal sehen. Sie war gerade dabei, große Mengen Kuchen für die zahlreich zu erwartenden Trauergäste zu bakken. Erst auf Zureden ging sie bis an die Tür, steckte ihren mit einer großen Haube geschmückten Kopf ins Zimmer und rief:

»Jott, Vater, wat soll denn das? Du weeßt doch, ick kann keene Doten nich sehen.«

König Friedrich Wilhelm III. tröstete sie nach dem Tod der Königin Luise einmal mit den Worten: »Ja, Majestäteken, et ist schlimm for Ihnen, wer nimmt ooch jern eenen Witwer mit sieben Kinderkens!«

Einmal lief ihr Unter den Linden der König in den Weg. Er kannte sie wohl – wer kannte sie nicht! –, aber er war zerstreut, übersah sie und erwiderte ihren Gruß nicht. Da war der Beherrscher aller Preußen aber an die unrechte Adresse gekommen. Plötzlich fühlte sich der Monarch am Ärmel gefaßt.

»Na, wat is'n det, Majestätken, man nich so stolz, Steuern nehmen kann Er, aber die reiche Dutitren jrüßen is nich!«

Seine Majestät sollen sich Allerhöchst vor Lachen geschüttelt und der redefertigen Frau gnädigst die Hand gereicht haben. Madame aber ließen den Handschuh in Glas und Rahmen fassen mit der stolzen Inschrift: »An diesem Handschuh faßte mir mein Könich!«

Vom alten Heim

Der alte Heim war Anfang des 19. Jahrhunderts ein beliebter Arzt, von dem viele Schnurren erzählt werden.

Ein damals in ganz Berlin bekannter reicher Kaufmann, der jedoch, wo es anging, zu sparen wußte, kam einst zum alten Heim, um sich einen gebrochenen Arm heilen zu lassen. Nachdem dies geschehen war, sandte Heim dem notorisch reichen Mann die Liquidation für seine ärztlichen Bemühungen. Statt des Honorars erschien jedoch bei ihm der Geheilte persönlich und zeigte sich über die empfangene Rechnung sehr ungehalten; er behauptete, daß er absolut nicht verpflichtet sei, für seinen gebrochenen Arm auch nur einen Pfennig zu bezahlen, denn Heim habe ja ausdrücklich angekündigt: »Arme werden umsonst geheilt.«

Der Arzt war über diese naive Auffassung zuerst etwas verblüfft, faßte sich aber schnell und sagte in seiner derben Weise:

»Sie haben recht, daran habe ich nicht gedacht. Und nun machen Sie mit Ihrem umsonst behandelten Arm mal schleunigst die Tür von draußen zu.«

Einmal behandelte Heim eine nervöse Dame, die viel an Kopfschmerzen litt und ihn mit allerlei albernen Dingen quälte. Unter anderem kam ihm die Dame mit dem Vorschlag, sie möchte sich Sauerkohl auf den Kopf legen, denn sie habe gehört, daß dies ein unfehlbares Mittel sei.

»Sehr gut«, sagte der alte Praktikus, »aber vergessen Sie nicht, auch eine Bratwurst dazu zu legen.« Hierauf warf er die Tür hinter sich ins Schloß und ließ sich nie wieder blikken.

Eine andere Dame ließ ihn wegen einfacher Kopfschmerzen mitten in der Nacht holen und lamentierte ihm vor, sie müsse ihn »insultieren«, da sie an »Konfektionen« nach dem Kopfe litte. Heim, ärgerlich über die wegen einer Bagatelle gestörte Nachtruhe, erwiderte: »Da kann ich Ihnen nur den Rat geben, schicken Sie hinüber nach der ›Hypothek‹ und lassen Sie sich etwas ›Rhinozerosöl‹ holen.«

Unbegreiflich

Zelter, der Singakademiedirektor und Freund Goethes, läßt einen jungen Mann, der Opernsänger werden will, einige Läufe singen und urteilt: »Sie haben ja gar keine Stimme.«

»Ich habe aber«, entgegnet der andere, »einen unbezwinglichen Drang nach den Brettern.«

»Na, dann werden Sie doch Tischler!«

Drei Klassen

Als ein vornehmer Stümper auf der Geige Zelter um sein Urteil über sein Spiel bat, sagte dieser: »Die Geiger werden in drei Klassen eingeteilt: Zur ersten gehören die Geiger, die gut spielen, zur zweiten die Geiger, die schlecht spielen, und zur dritten die Geiger, die gar nicht spielen. Exzellenz haben sich bereits zur zweiten Klasse emporgeschwungen.«

Die Kuchenfrau

Und wo bist du, o Muse des Zucker-Teigs und der Zimmetblätter, privilegierte Kuchenfrau des Schlosses, die im Portal I ihre verlockenden Schätze feilhalten durfte. O, sie durfte noch mehr, »die ausgetragene, richtige« alte Berlinerin. Denn es geht die Sage, daß Friedrich Wilhelm II., der schon als Knabe gelegentlich in geschäftlichem Verkehr mit der weiblichen Firma stand, bei seinem Abgang zum Kriegsschauplatz der Kuchenfrau Lebewohl gesagt habe; daß er ihr dann, siegreich heimkehrend in herablassender Huld zugerufen haben soll:

»Nun, Mutterchen, jetzt bin ich wieder da, der Krieg ist aus«; und daß die »mit Spreewasser getaufte« Kuchenfee die grenzenlose Unverfrorenheit hatte, dem Könige zu erwidern:

»Pack schlägt sich, und Pack verträgt sich!«

Kirchenbesuche

Schleiermacher war den Berlinern noch außerdem als geistreicher und witziger Mann besonders lieb, und man pflegte die feinsten und besten Scherze, die in Umlauf kamen, ihm zuzuschreiben. – Auf die große Anzahl der Zuhörer, die sich allsonntäglich, um ihn zu hören, in der Dreifaltigkeitskirche einfanden, sei er, so erzählt man gern, gar nicht stolz gewesen, sondern habe einst gesagt:

»In meine Kirche kommen hauptsächlich Studenten, Frauen und Offiziere. Die Studenten wollen meine Predigt hören, die Frauen wollen die Studenten sehen. Und die Offiziere kommen der Frauen wegen.«

Der Voltaire der Landwirtschaft

Albrecht Thaer, der große Landwirt, der in seiner Musterwirtschaft in Möglin auch eine bedeutende Schafzucht betrieb, hatte mit seiner Mögliner Wolle auf dem Berliner Markt außergewöhnliche Erfolge. »Wenn ich auf den Markt komme«, schreibt er vom Berliner Wollmarkt etwa 1818/19 seiner Frau, »so steht alles mit dem Hut in der Hand. Gestern war der König über den Markt gefahren, und keiner hatte es bemerkt; ich heiße daher der Wollmarktskönig, und so ward denn auch mein Lebehoch heute an einer großen Tafel ausgebracht.«

Thaers Biograph Körte, der diesen Brief mitteilt, fügt den Schlußworten folgende Anmerkung hinzu: »Es geschah an der Table d'hote in der ›Stadt Rom‹, wo auch der Geheime Rat F. A. Wolf (der berühmte Philologe) zu essen pflegte, der eben an diesem selben Tage bei Tisch den Witz zum besten gab, er erkenne in den meisten Gästen zwar wohlhabende, aber offenbare Wollüstlinge, und es sei doch artig, daß diese Leute auch ihren eigenen Voltaire (Woll-Thaer) hätten.«

Schadow

Schadow: »Haste det alleene jemacht?«
Schüler: »Jawohl, Herr Direktor.«
Schadow: »Janz alleene?«

Schüler (fast beleidigt): »Jawohl, Herr Direktor.«
Schadow: »Na, denn kannste Tepper werden.«

Professor Buttmann

Es fehlte den Straßen der Residenz nicht an Figuren, die heutzutage vollständig von der Bildfläche verschwunden sind. Da gab es zum Beispiel, weil viele Leute, namentlich alte Herren, sich noch täglich den Kopf pudern und pomadisieren ließen, Friseure, die mit eigentümlicher Geschäftigkeit umherliefen, von oben bis unten wie mit Mehl bestreut, an den Röcken weite Seitentaschen tragend, aus denen Brenneisen, Scheren und Kämme hervorragten. Der bekannteste unter ihnen war der Theaterfriseur Schultze, der beständig in einem kurzen Zuckeltrabe blieb, als wenn er fürchtete, überall zu spät zu kommen. Eines Tages rief demselben ein Spaßvogel aus dem Fenster nach: »Hören Sie einmal!« Und als jener stillstand: »Haben Sie Zeit?«

Schultze, der einen neuen Kunden zu erhalten hoffte, erwiderte eifrig: »Jawohl!« – »Nun, warum laufen Sie denn so?« sagte der andere und warf das Fenster zu.

Der bekannte Philologe Buttmann, den man nach dem weiten lottrigen Anzuge, den er zu tragen pflegte, und wegen seiner eiligen Art zu gehen wohl für einen solchen Friseur halten konnte, wurde einst ebenfalls aus einem Hause angerufen und von einem Herrn gefragt, ob er ihm die Haare schneiden wolle? Buttmann erwiderte: »Jawohl!« Kam herauf, bat um eine Schere, weil er die seinige vergessen habe, und schnitt dem unvorsichtigen Besteller die Haare ratzekahl vom Kopfe.

Als der so Verunstaltete sich im Spiegel besah und gewahrte, wie er zugerichtet worden, rief er in vollster Wut:

»Aber Sie können ja gar nicht Haare schneiden?« Worauf Buttmann lächelnd antwortete:

9. »Mamsellken, bringen Sie mir Haare apparte und Bouletten apparte!«
Lithographie von Johann Gottfried Schadow (um 1830)

10. Lesende Amme. »Halt's Maul, Jeheimratsjöre, und warte, bis Rinaldino dot is!«
Lithographie von Franz Burchard Dörbeck (um 1820)

»Sie haben mich ja nicht gefragt, ob ich kann, sondern nur, ob ich will. Ich bin der Professor Buttmann...«

Des Königs Witze

Friedrich Wilhelm IV. hatte die Gabe, allen Dingen die freundlichste Seite abzugewinnen. Deshalb ereignete sich auch für ihn die meisten komischen Dinge. Es war für den Begleiter nicht immer leicht, den schicklichen Ernst zu bewahren, z. B. wenn ein Schulmeister an der Spitze seiner Kinderschar eine ebenso lange als langweilige Rede hielt, die der König gutmütig und geduldig mit anhörte, bis ein Esel auf dem nahen Felde laut schrie und der König dann leise dem Adjutanten ins Ohr sagte:

»Stille, stille, immer hübsch einer nach dem andern.«

Einst wollte der Bürgermeister einer kleinen Stadt den König, der selber ein guter Redner war, mit einer glänzenden Rede begrüßen. »5000 Bürger«, begann er. – Kunstpause. – »5000 Bürger.« – Abermalige Kunstpause. –

»Grüßen Sie bitte die 5000 Bürger von mir, aber jeden einzeln«, rief der König und fuhr weiter.

In Trier kredenzte man ihm einen Becher Wein mit der Versicherung, daß die Gesinnungen an der Mosel so lauter und so rein wie dieser Wein seien.

»Ist doch kein Achtundvierziger?« erwiderte der König gut gelaunt.

Als der König August von Hannover, der ihm persönlich wenig sympathisch war, abreiste, gab er mit verständnisvollem Lächeln die Parole aus:

»Oxford.«

Der Hofschlächter Raabe in Potsdam, der Weihnachten den König mit einem Paket feinster Würste bedacht hatte, erhielt als Gegengabe eine in Form einer Wurst gearbeitete goldene Dose, auf deren Deckel die Worte eingraviert waren: Wurst wider Wurst.

Bunte, mit Orden behängte Uniformen waren dem König nicht angenehm. Herrn von Nagler, der sich als Oberpostmeister in einer goldgestickten Uniform vorstellte, empfing er mit den Worten:

»Mein Gott, aus welcher Bronzefabrik kommen Sie denn her?«

Als dem damaligen Kronprinzen zum ersten Male das Schinkelsche Schauspielhaus gezeigt wurde, das nach dem Brand des alten Langhansschen Hauses im Juli 1817 in den Jahren 1819–20 wieder aufgebaut worden war, äußerte er seine Bewunderung über das schöne Äußere, den Saal mit den Galerien und schloß sein Lob mit der sehr treffenden Bemerkung:

»Ein vorzüglicher Bau. Und ist auch ein Theäterchen drin.«

Der König war bekanntlich kein großer Freund vom Anhören langer Reden, wenn es sich um den Empfang in einer Stadt handelte. So war er eines Tages bereits mehrere Stunden mit einer Extrapost gefahren und traf um die Mittagszeit vor dem Tore einer kleinen Stadt ziemlich ermüdet und hungrig ein. Hier wurde der König von den Honoratioren empfangen, und der Bürgermeister begann mit folgender langatmigen Rede:

»Allerdurchlauchtigster, großmächtiger König, allergnädigster König und Herr!

Als Hannibal vor den Toren Karthagos stand...«

»... hatte er wahrscheinlich eben solchen Hunger wie ich. Nun kommen Sie, lieber Bürgermeister, setzen Sie sich in meinen Wagen und seien Sie mein Gast.«

Als Friedrich Wilhelm IV. wenige Jahre vor seinem Regierungsanstritte durch die westlichen Provinzen reiste, gab man ihm in einer Stadt der Grafschaft Mark ein Festmahl. Dabei setzte man in seine nächste Nähe einen wortreichen Herrn, der aber die unglückliche Gewohnheit hatte, unglaubliche Dinge als wirkliche zu erzählen. Nachdem der Herr eben wieder ein Stück seiner Art geleistet hatte, entgegnete der Kronprinz:

»Das ist noch nichts!«

Glücklich, von dem hohen Tafelgenossen einer Erzählung gewürdigt zu werden, war der Angeredete nun ganz Ohr.

»Als wir vorigen Sommer«, erzählte der Kronprinz, »in Erdmannsdorf waren, wurde uns plötzlich der Besuch von russischen Herrschaften gemeldet. So erfreut wie überrascht davon, nahmen wir uns vor, mit unseren Gästen die kurzen Stunden so angenehm wie möglich zu verleben. Aber was kann man denn Großes in Erdmannsdorf anfangen! Wir beschlossen eine Schlittenfahrt auf dem nahen See. Flugs war angespannt, und pfeilschnell ging's über die glatte Fläche hin. Als wir beinah mitten auf dem See waren, krachte es fürchterlich...«

»Und, Königliche Hoheit?«

»Wir ertranken alle.«

Bei einer Parade standen die Garde-Regimenter wie die Bildsäulen, waren aber in ihrem Anzuge zu steif, um andere Bewegungen machen zu können, als für die Parade erforderlich waren. Als nun einige Offiziere in der Umgebung des Kronprinzen die Haltung der Truppen rühmten, ließ dieser neben einem Flügelmann ein Goldstück fallen und befahl dem Gardisten, es aufzuheben. Der Soldat war außer Stande sich zu bücken.

»Sehen Sie«, sagte der Kronprinz, »das sind meines Vaters Soldaten.« Sprachs und kriegte Stubenarrest.

Einst spielte bei einem Hoffeste die Musik das Lied: »Ich bin ein Preuße.« Der Herzog von Anhalt-Köthen sagte zu Friedrich Wilhelm IV.: »Wie beneide ich die Preußen um diese Nationalhymne!«

»Das ist nicht nötig«, sagte der König, »singen Ew. Hoheit doch: »Ich bin ein Köther, kennt Ihr meine Farben.«

Der Weinhändler Louis Drucker

Ein ganz besonders nach dem witzhungrigen und spottlustigen Berlin passender Mann war der Weinhändler Drucker. Im vormärzlichen Berlin hatte er großen Zulauf. Die Besucher lachten über seine vielen, manchmal auch politischen Anspielungen. Er kam aber auf die Dauer doch auf keinen grünen Zweig und ging nach Amerika, wo es ihm auch nicht geglückt sein soll...

Druckers Weinstube erhob sich, wie Gotthilf Weißstein in seinen von E. Frensdorff veröffentlichten Druckerschen Nachlaß erzählte, trotz des neuen »Bayrischen Bieres« zu bedeutender Berühmtheit. Hier wurde durch attisches Salz der Durst nach saurem Wein rege gehalten. Drucker, der früher in Weinen »gemacht« hatte, machte jetzt in Witzen, zu allen Zeit das beste Geschäft, das man in Berlin etablieren kann. In einem altertümlichen Hause der Poststraße tagte eine zusammengedrängte Gesellschaft, es wurden die großartigsten Witze losgelassen, deren Echo man ein halbes Jahr später in den Provinzen als Neuigkeit hörte. Es war ein Gemisch von

Rausch, Katzenjammer und Vermessenheit, was hier zur nächtlichen Stunde sein Wesen trieb. Drucker, der Roué, fast immer etwas angetrunken, wenn er die Gesellschaft eröffnete, und fast ohne Lebenszeichen, wenn sie geschlossen wurde, trieb seine Witze wie ein toller Reiter sein Pferd ... Das ging in einer Karriere über die faulen Zustände und die Schranken der Redefreiheit hinweg ...

Vielfach hatte sich die Gewohnheit herausgebildet, daß Drucker kurz vor Schluß noch einen Witz zum besten gab. Die ganze Kapelle spielte einen Tusch und Drucker trat vor. Meistens war es eine derbe Zote, manchmal gab er ein spaßhaftes Rätsel auf oder machte einen politischen Witz. So berichtet Dr. Alexander Meyer, der treffliche Berliner Plauderer und Humorist, folgendes Geschichtchen vom 18. März 1849:

Nachdem die stürmischen Ereignisse des Vorjahres eifrigst debattiert worden waren, trat Drucker vor und gab folgendes Rätsel auf:

»Was ist für ein Unterschied zwischen heute und heute vor einem Jahr?«

Und die Antwort lautete: »Heute vor'm Jahr waren wir guter Hoffnung, und heute sind wir – in anderen Umständen.«

Sehr viel Spaß bereitete Drucker den Berlinern mit seinen Anzeigen, von denen hier einige folgen mögen:

Der Hosenträger

Auf die übertriebene Schwärmerei der Berliner Damenwelt bei der Anwesenheit von Franz Liszt bezieht sich folgender Scherz Druckers:

»Durch den glücklichen Zufall bin ich in den Besitz eines

Hosenträgers gelangt, welchen der berühmte Virtuose Franz Liszt um Gebrauch hatte. Um den Wünschen vieler Berliner Damen zuvorzukommen, die kein Andenken von ihm besitzen, werde ich diesen Verlegenheits-Aushelfer in kleine Stücke parzellieren und, soweit es der Raum gestattet, einer jeden ein Andenken zukommen lassen. Mit Zwangsjacken für tolle Frauen kann ich jedoch nicht aufwarten.«

Das rosenfarbene Pferd

»Heute ist um Mitternacht bei mir ein von Natur rosenfarbenes Pferd zu sehen – es bleibt nur kurze Zeit in meinem Besitz, bitte sich daher mit der Besichtigung zu beeilen.«

Natürlich war am Abend das Restaurant vollgepfropft von Neugierigen, und es wurde tapfer gezecht in Erwartung des naturgeschichtlichen Wunders.

Endlich, als es Mitternacht schlug, schrie alles: »Drucker! Drucker! Das rosa Pferd!«

Und der schlaue Bursche öffnete die Stalltür auf dem Hofe, und beim matten Schein einer Stallaterne stand dort ein ganz gewöhnlicher – Schimmel!

Den Enttäuschten und Tobenden sagte Drucker dann in seiner ironischen Weise: »Aber, meine Herren, es gibt ja auch weiße Rosen... ich habe mein Wort gehalten.«

Papa Wrangel

Der alte General Wrangel war ein besonders bekanntgewordenes Original. Als er am 10. November 1848 die Truppen wieder nach Berlin führte und als »Gouverneur in den Marken« auftrat, war er allerdings nicht beliebt. Aber er wußte sich durch volkstümliches Wesen bald populär zu machen. Er bediente sich der Berliner Mundart. Das schmeichelte dem

Volke. Und seine derbe Art führte bald dazu, daß man ihn »Papa Wrangel« nannte.

Als die Truppen, die infolge des 18. März Berlin hatten verlassen müssen, wieder zurückkehren sollten, hatte das Volk dem General gedroht, man würde seine Gattin hängen, wenn er es wagte, in Berlin einzurücken. Natürlich kehrte sich der General nicht an jene Drohung.

Als er aber an der Spitze seiner Truppen durch das Brandenburger Tor ritt, wandte er sich plötzlich an seinen Adjutanten mit der Frage: »Ob se ihr woll jetzt hängen?!«

Das Schöne

Auch im Gespräch mit den Damen schlug er diesen derben Ton an. Er fand offenbar Vergnügen daran, die Damen durch seine Grobheit in Verlegenheit zu setzen. Auf dem Hofballe erschien einst eine Hofdame mit besonders weit ausgeschnittenem Kleide. Als Wrangel ihr Kleid wohlgefällig musterte, fragte sie: »Nun, Exzellenz, so etwas Schönes haben sie wohl lange nicht gesehen?«

»Nee, mein Kind«, erwiderte der Alte, »seit meine Entwöhnung nich.«

Aber Exzellenz

Als Wrangel eines Tages in Begleitung einer Prinzessin die Treppe zum weißen Saal emporstieg, ließ er seinen rückwärtigen Gefühlen etwas hörbar freien Lauf. Die Prinzessin war empört.

»Aber Exzellenz, so etwas ist mir denn doch noch nicht passiert!«

Worauf Wrangel erwiderte: »Ach, ick dachte, et wär mir passiert.«

Kußfreuden

Wrangel war ein großer Damenverehrer, und bei seinen Ritten oder Gängen durch die Stadt warf er bald rechts, bald links jungen hübschen Damen Kußhändchen zu, so daß die Damen oft in rechte Verlegenheit gebracht wurden. Aber als ihn eines Tages eine größere Deputation von Damen wegen irgendeiner Gratulation besuchte, da zeigte sich der alte Herr ganz besonders liebenswürdig, ging die Reihe herum und gab einer jeden einen Kuß. Der Zufall wollte, daß die ersten lauter junge hübsche Mädchen waren, die er denn auch ganz eifrig abküßte; plötzlich aber änderte sich das Bild, und eine ältere Generation kam zum Vorschein; da versagten dem alten Schlauberger mit einemmal die Kräfte, und er sagte zu seinem Adjutanten:

»Küsse weiter, mein Sohn!«

Das Signal

Eines Tages im Mannöver verlangte Wrangel von einem seiner Adjutanten Auskunft über eine ihm früher aufgegebene Notiz; der Adjutant erklärte, es handle sich um den Sattel eines Kavalleriepferdes. Da wurde Wrangel grob und gab dem Adjutanten in Gegenwart anderer Offiziere einen tüchtigen Verweis mit dem Bemerken, daß es bei dem betreffenden Regiment keinen Sattel, sondern einen Bock gäbe. Dieser Verweis war so eindringlich, daß der Offizier ihn so leicht nicht wieder vergaß. Als am nächsten Tage aus dem Kavalleriebiwak das Signal zum »Satteln« ertönte, fragte Wrangel, der nicht genau gehört hatte:

»Wat wird denn da jeblasen?«

Da ritt den Adjutanten der Teufel und er antwortete lächelnd:

»Es wird zum Bocken geblasen, Exzellenz!«

Wrangel zog die Stirn kraus und sagte: »Der Witz ist nich janz schlecht, aber du hast dafür drei Tage Arrest!«

Vom Pfeifen

Eines Tages gingen der Kronprinz und Wrangel die Linden entlang, als ihnen ein Junge begegnete, der nach Kräften irgendeine moderne Melodie pfiff. Wrangel, der ja mit der Straßenjugend gut Bescheid wußte und zur Belohung ihrer Tugend stets die Tasche voll blanker Dreier bereithielt, freute sich über den artigen Jungen und griff schon in die Hosentasche, um ihn zu belohnen.

»Sehen Sie nur, Königliche Hoheit«, sagte er, »was der Junge für einen Respekt vor uns hat; er hört von weitem zu pfeifen auf.«

Und um sich seine Ansicht von dem Jungen bestätigen zu lassen, fragte er den Jungen:

»Warum hörtest du auf zu pfeifen, mein Sohn?«

Der Junge war zuerst etwas verdutzt, sagte dann aber pfiffig lächelnd:

»Wenn ick Ihnen sehe, dann muß ick immer lachen, und wenn ick lache, denn kann ick nich pfeifen!«

Eine Ranke-Anekdote

Der Theologe Willibald Byschlag hörte während seiner Berliner Studienzeit (Anfang der vierziger Jahre des 19. Jahrhunderts) auch Leopold Rankes Vorlesung über »Europäische Geschichte seit 1814«. Er bedauert in seiner Autobiographie den Mangel an Freimut und die »vornehme Mentalität« in Rankes Geschichtsbehandlung und fährt dann fort: »Den Mangel an Schärfe des Urteils ersetzte einigermaßen die formale Lebhaftigkeit. Der sitzend lehrende kleine Mann sprang alle Augenblicke gestikulierend auf; einmal griff er auch über das Katheder hinaus, um einen unmittelbar davorsitzenden schnarchenden Schläfer aufzuwecken mit den unbeschreiblich wirksamen Worten:

»Bitte, mein Herr, nicht so laut!«

Helmut von Moltke

Eine Schulmeistersfrau fing einmal auf dem Felde auf eine ganz merkwürdige Art einen Hasen. Er lief nämlich gerade zwischen ihren Beinen durch, und sie brauchte nur die Beine zu schließen, um den Hasen zu fangen, den sich das Schulmeisterpaar dann auch recht gut schmecken ließ. Daraufhin wurde der Schulmeister wegen Wilddieberei angeklagt. Der Alte Fritz schrieb aber an den Rand des Aktenstückes: »Schulmeister ist sofort freizulassen, denn die Jagdbarkeit zwischen den Beinen seiner Frau steht ihm nur allein zu.«

Ich weiß nicht, ob diese Geschichte wirklich auf einer historischen Randbemerkung des Alten Fritz beruht, ich weiß nur, daß ich sie mindestens ein halb dutzendmal von Moltke gehört habe. Auch ein Verslein hörte ich einmal von Moltke improvisieren. Es kam die Rede darauf, daß im Sprichwort und im Scherzlied alle Laster des genießenden Menschen, Rauchen, Trinken usw., schon behandelt worden sind. Siehe das hübsche Verslein: Wo man raucht, da kannst du ruhig harren, böse Menschen haben keine Zigarren.

»Wie kommt es nun«, meinte Moltke, »daß nur die Schnupfer bisher noch keine Verherrlichung im Reim gefunden haben? Ich bin selbst Schnupfer und empfinde diese Hintansetzung geradezu als Kränkung.«

»Wenn es keinen Vers auf Schnupfer gibt«, antwortete ich, »so brauchen sich Exzellenz ja bloß einen zu machen!«

»Warten Sie, das sollen Sie gleich haben«, gab Moltke schlagfertig zurück. »Geben Sie mir nur eine Minute Zeit...« Und ehe die Minute verstrichen war, improvisierte er: »Der da schnupft, kannst ruhig du zum Freund erkiesen, böse Menschen haben keine Prisen!«

Adolph von Menzel

Wehe, wenn Freunde oder Neugierige versuchten, Menzel bei der Mahlzeit zu begrüßen oder anzusprechen. Mürrisch und grob ließ er die Unglücklichen abfahren. Seinem guten Freund und Schüler Fritz Werner antwortete er einmal bei solcher Gelegenheit auf die Frage: »Wie geht es dir?« in brummigem Ton: »Das geht dich gar nichts an, ich esse jetzt.«

Ein Fremder, der den einzigen Stuhl an dem kleinen Tischchen, an dem Menzel zu speisen pflegte, einnehmen wollte und höflich fragte: »Es stört doch nicht, darf ich hier Platz nehmen?«, erhielt die lakonische Antwort:

»Doch stört es! Nehmen Sie doch anderswo Platz.«

Schön ist ein Zylinderhut

Nachdem der Senior Menzel bei Frederich sein Fläschchen geleert hatte, trieb's ihn wohl noch ein wenig zum Café Josti zu wandern, um, wie wir vermuteten, dort den Sonnenaufgang zu erleben, was bei dem alten Herrn öfter vorgekommen sein soll.

Also Menzel steht auf, geht vorsichtig, bei seiner Kurzsichtigkeit tappend, an die Reihe der Festhüte, um den seinen herauszusuchen, indes alle Augen auf sein heimliches Tun gerichtet sind. Allgemeines unterdrücktes Lachen, denn vorsichtig hat der Meister jetzt schon den dritten Zylinderhut in der Arbeit, hat ihn vor die Brust geklemmt, um herauszukriegen, ob's nicht etwa ein Chapeau claque sei. Der alte Calandrelli, der Bildhauer – sein Jugendfreund –, ruft vergnügt zu einem Freunde hinüber: »Sieh doch, sieh doch, Paul, jetzt drückt er deinen neuen Zylinder ein«, springt dann aber plötzlich mit lautem Geschrei auf und entwindet dem Meister den vierten Hut. Zu spät!

»Adolph, jetzt hast du auch meine teure Angströhre verschandelt, die mußt du mir ersetzen, da hilft dir nichts.«

Und der Meister darauf: »Was willst du, ich werde ihn aufbügeln lassen.«

Doch der andere antwortete: »Is nicht, das gibt's nicht, du hast ihn mir ganz eingebeult, da hilft kein Bügeln.«

Menzel aber bleibt ganz ruhig: »Laß mich in Ruh', ich werde dir morgen einen andern schicken«, setzt sich den eingebeulten Hut seines Freundes auf, ohne weiter nach dem eignen zu suchen, und verläßt ungerührt die Unheilstätte.

Der alte Rudolf Hertzog,

der das erste große Waren- und Versandhaus in Berlin aufbaute, war sehr empfindlich für Fehler seiner Angestellten, weil jeder Fehler ihm sein Werk zu gefährden schien. Als ihn ein ungeschickter Einkäufer ärgerte, depeschierte er ihm:

»Wenn man Ohrfeigen depeschieren könnte, hätten sie eine!«

Bauern-Kaufmann

Auf der Berliner Gewerbeausstellung 1896 erregte ein derber Gastwirt Aufsehen. Er selbst nannte sich den »groben Gottlieb«. Seine lukrative Grobheit setzte er später in seiner Bauernschänke fort. Dort foppte er die neugierigen Gäste. Die besonders neugierigen Frauen erschraken, wenn er ihren

Mann anredete: »Wat haste denn da für'n Gestelle mitgebracht? Bring man die alte Schreckschraube gleich wieder nach Hause!«

Aber schließlich zeigte er doch sein Museum, mit dem er die Sammelwut mancher Menschen parodierte.

Die berühmte Schlange, die vom Kopf bis zum Schwanz 42, vom Schwanz bis zum Kopf 87, im ganzen also »632« Fuß mißt, hatte schon Bendix in seiner urkomischen Menagerie. Indessen war ein Zigarrenstummel, den Kaufmann für den Stummel von Portorico, um den die Amerikaner mit den Spaniern dreiviertel Jahr lang Krieg geführt hatten, erklärt, seine Original-Erfindung. Sehenswert war sein Café Bauer, das aus einem Vogelbauer mit einer darin aufgehängten Kaffeetasse besteht. Weitere Seltenheit waren ein Fläschchen mit Maurerschweiß; etwas eingetrockenes Eis, das Nansen vom 91. Breitengrade mitgebracht hat, das aber über Nacht gestohlen wurde; einige diskrete Toilettengegenstände aus der Garderobe der Prinzessin Chimay; die weiße und schwarze Binde des Kommerzienrates Kühnemann, mit ersterer eröffnete, mit letzterer schloß er die Berliner Gewerbe-Ausstellung, abgesehen von dem großen Defizit; eine Mandel Eier des Kolumbus; eine Sprosse von der Leiter, die Jacob im Traum sah; der Brautschleier von Kanaan und der Wein jener bekannten Hochzeit, der nach dem Ableben Christi leider wieder zu Wasser wurde; die Trauringe von Adam und Eva; der Ärmel, aus dem der schreibwütige Dr. Wippchen in Bernau seine Kriegsberichte schüttelte; der Schädel Gottfrieds von Bouillon, als er drei Jahre alt war, und der Schädel deselben Mannes nach der Eroberung von Jerusalem; die Pistole von dem Dynamitattentat auf König Salomo, als er einem Eisenbahnschaffner in Nebraska ein polnisches Achtgroschenstück gab.

Bei Max Liebermann

Der Delikatessenhändler W., der durch eine Spekulation in Büchsenfleisch in den Besitz eines unanständig großen Vermögens gekommen war, fühlte sich mit dem also vollzogenen Eintritt in die Kultursphäre gedrängt, von Liebermann sich malen zu lassen. Angetan mit einer neuen Kluft und der Überzeugung seiner erfolgreichen Laufbahn stand er vor Liebermann und teilte seinen Wunsch mit. Der Meister lehnte nach kurzer Beaugenscheinigung mit dem Hinweis auf Arbeitsüberlastung ab. Als W. nicht nachließ, nannte Liebermann ein sehr hohes Honorar.

»Na, gemacht, Herr Professor«, stimmte W. ölig lächelnd zu. »Aber sagen Sie mal, wieviel Sitzungen werden wohl nötig sein, um das – na, um das Charakteristische meiner Züge zu treffen?«

Liebermann musterte W. aufmerksam von oben bis unten. Dann meinte er:

»Oh – es würde wohl genügen, wenn Sie mir morgen auf eine halbe Stunde Ihren Frack zuschicken wollten.«

Herr W. ging darauf zum Photographen und ließ sich Bilder anfertigen.

Adolph Hoffmann

Einem unbestätigten Gerücht zufolge war Adolph Hoffmann Kultusminister.

Es sprach sich herum und drang bis in die hohen Bezirke der Kunst. Sogar Max Reinhardt glaubte dran.

Eines Tages ließen er und Richard Strauß sich bei ihm melden. War es die Lustbarkeitssteuer, waren es kunsttechnische Fragen – gleichviel, sie begehrten den Minister zu sprechen.

Hoffmann sah den Wald vor Bäumen nicht. Er warf ein

scheeles Auge auf die Visitenkarten und tutete seinen Mitarbeiter ins Zimmer.

»Baake, jehn Sie doch mal raus. Draußen sind een paar Schauspieler oder Musikanten.«

Baake turnte ab und kehrte nach geraumer Zeit triefend wieder.

»Aber, Herr Minister«, sprach er mit hochachtungsvollen Backen, »das war ja Professor Max Reinhardt und der Richard Strauß!«

Hoffmann zeigte dem Aufklärenden die kalte Schulter:

»Nu wenn schon. Det will doch nischt sagen. Schließlich bin ick hier Minister!«

Auf dem Wege nach Neu-Berlin

Auf dem Wege zum neuen Berlin hat die Reichshauptstadt mancherlei Stationen durchlaufen müssen. Da war erst das »tolle Jahr« 1848, das mit dem vormärzlichen Biedermeiertum etwas aufräumte – ganz aufräumen konnte es nicht. Jahrzehntelang waren die Lebensverhältnisse noch recht biedermeierlich. Und Reste des Biedermeiertums haben sich lange in Berlin erhalten. Das Droschkenfuhrwerk ist ja immer noch nicht ganz von den Straßen Berlins verschwunden. Der Schusterjunge allerdings – und Nante, der Eckensteher, sind ausgestorben.

Auch die Hökerin hat sich in eine Handelsfrau umgewandelt. Dafür aber haben sich allerlei Typen in Zeitschriften und Zeitungen angefunden, die manche Seiten des Berlinertums literarisch sehr scharf in den Vordergrund brachten und auch ganz wesentlich für die Zeitgeschichte sind.

Im Vormärz war die Bevölkerung erregt über die Vereitelung der Träume vom geeinten Deutschland, über Polizeiwillkür und ängstliche Geheimniskrämerei der Beamtenschaft. Als Friedrich Wilhelm IV. den Thron bestieg, hofften alle auf bessere Tage. Es kam doch eine gewisse Pressefreiheit. Den Wünschen der öffentlichen Meinung wurde entgegengekommen. Doch der erste Jubel über diesen Umschwung wich bald bitterer Enttäuschung. Die Bürokratie ließ sich nicht vom König beiseite drängen. Erst schwieg die Beamtenwelt das Elend der schlesischen Weber tot und kümmerte sich nicht um den Hungertyphus in Oberschlesien. Dann ging sie mit grausamen Strafen vor. Romantische Dombaupläne, Ordensstiftungen, Adelsgesetze und vieles andere forderten den Spott heraus

11. Spreewälder Ammen im Tiergarten
Foto von Otto Haeckel (1907)

12. »Jeht's hier nach Bellevue?«
»Nee, hier is der Schinkenplatz. (Volkstümlicher Name für den Hausvogteiplatz.) Nu jehn Se man durch den Schwibbogen und lassen Se den Lustjarten links liejen.«
Lithographie von Franz Burchard Dörbeck (1831)

13. »Sechsundsechzig.« Weinstube Lutter & Wegener
Kreidelithographie von Theodor Hosemann (1858)

14. Das Gartenlokal
Aquarell von Theodor Hosemann (1865)

und erregten die Gemüter. Die besten deutschen Männer waren unzufrieden und wünschten eine Änderung. So kam es zu der Bewegung 1848. Sie brachte eine Unzahl von witzigen Flugschriften und Zeitschriften hervor. Nur wenige von ihnen haben sich längere Zeit erhalten – und nur eine von ihnen hat die Jahrzehnte überdauert: Der Kladderadatsch. Der Titel soll ihm von dem Possendichter David Kalisch gegeben worden sein, als ein Hund in einem Weinlokal den Tisch umriß und die Gläser klirrend zu Boden fielen: Kladderadatsch!

A. Hofmann, der Verleger der Zeitschrift, wußte alle bedeutenden satirischen Schriftsteller jener Zeit an seinen Verlag zu fesseln. Glaßbrenner, Ernst Dohm, Löwenstein, H. Wachenhusen und andere. Sie betätigten sich ebenso in politischer Satire wie auch in harmloserem Humor. Und als im Juli 1848 »Schultze und Müller« zum erstenmal im Kladderadatsch auftauchten, waren mit ihnen die Ahnen jener Berliner Typen geschaffen, die als Nunne, Paula Erbswurst, Wippchen, Frieda Klapperschlange usw. in den humoristischen Zeitschriften ebenso dem politischen wie dem unpolitischen Scherz dienten. Schultze und Müller hatten gleich bei ihrem ersten Auftreten beiden zugleich gedient. In ihren Dialogen tauchten feuilletonistische Tendenzen auf, die nicht nur rein politisch-kämpferischer Natur waren. Das beweisen gleich die ersten Dialoge, die zwar nicht alle unter Müller und Schultze liefen, aber trotz anderer Namen echte »Müller und Schultze« waren.

Sie und alle ihre Vettern und Neffen und Enkel begleiten den Werdegang Berlins mit ihren Dialogen, Briefen und Randbemerkungen.

Und dann wurden natürlich unzählige Witze und Schnurren gemacht. In der Mitte des Jahrhunderts standen besonders das Theater und die Theaterpersönlichkeiten im Vordergrund. Das Theater wurde gefördert, um die Berliner von der Politik abzulenken. Auch die Droschke, die Höker und andere biedere

Persönlichkeiten gaben Zielscheiben ab für den Witz und Spott. Behäbiger Humor wie bei Stinde, Fechner und Seidel erinnert an jene uns unerreichbar ruhig erscheinende Jahrzehnte, als es zwar schon Schutzmänner, Omnibusse, Stadtbahn und Pferdebahn gab, als aber noch keine Untergrundbahn durch die Stadt sauste, obwohl doch »Berlin schon Weltstadt geworden war«.

Inzwischen haben wir Autobusse, Lastkraftwagen, Kinopaläste und viele andere Paläste. Der Witz und Humor ist aber Gott sei Dank nicht mit den Droschken und Eckenstehern in die Vergangenheit versunken. Er hat nur andere Objekte hinzugenommen, ist vielleicht manchmal kürzer und kräftiger. Aber: Die Kürze war ja immer des Berliners Witzes Würze.

Schultze und Müller

Die drei folgenden Dialoge sind die ersten dieser Art, die den »Schultze und Müller« berühmt machten. Sie erschienen in Nr. 9 des »Kladderadatsch« von 1848 und beweisen, daß schon Anfang Juli 1848 der Berliner Witz nicht mehr rein politisch war. Der erste Dialog spielt auf die ablehnende Antwort an, die der König gab, als man ihn aufforderte, wieder von Potsdam nach Berlin zu kommen. Auch II und III sind typische Schultze- und Müller-Dialoge, wenn auch andere Namen eingesetzt sind. Der erste Dialog stichelt den König, der nicht aus Potsdam nach Berlin kommen wollte; der zweite bespöttelt Zeiterscheinungen und die Unklarheit mancher Bürger.

I.

Schultze: Also er will wirklich nicht kommen.
Müller: Na, er will nu emal nich kommen.
Schultze: Na, wenn er aber durchaus nicht kommt?
Müller: Nu, da holen se sich'n.

Schultze: Ja, wenn se'n nu aber erst geholt haben?
Müller, Ja, da behalten se'n.
Schultze: Ja, wat haben se nun aber, wenn se'n behalten?
Müller: Ja, det is wahr, wenn se'n behalten, da haben se ooch nischt!

II.

Kielmeier: Wat treiben Se denn egentlich jetzt, Strobelweber?
Strobelweber: Ick bummle!
Kielmeier: Ja, von wat leben Se nu aber?
Strobelweber: Von 't bisken, wat noch da is!
Kielmeier: Ja, aberst denn?
Strobelweber: Dann jeht allens ufs Leihamt.
Kielmeier: Ja, aberst denn?
Strobelweber: Dann verkoof ich de Pfandscheine.
Kielmeier: Ja, aberst denn?
Strobelweber: Ja dann, da haben Se recht, denn kann et sehr eklig werden!

III.

Pliemükke: Na sagen Se mal, Bohnhammel, sind Sie für die absolute Monarchie?
Bohnhammel: Nee.
Pliemükke: Na, denn sind Sie wohl Constitutioneller?
Bohnhammel: Nee.
Pliemükke: Oder Demokrat uf breite Jrundlagen?
Bohnhammel: Nee.
Pliemükke: Na, sind Se Republikaner?
Bohnhammel: Nee.
Pliemükke: Nu, wat Deibel, wat sind Se denn?
Bohnhammel: Ick bin Sattler.

Staub

Müller: Also die Lucca hat das Amt einer Asylbasar-Verkäuferin aus dem Grunde abgelehnt, weil der Staub im neuen Rathaus nach ärztlichem Gutachten ihre Stimme angreifen könnte?

Schultze: Wozu so ville Worte? Sie hat einfach jesagt: Blast mir'n Stoob weg!

Nunne

Mit Verjnüjen ergreife ich die Zeitung und lese, daß die Majistrats-Mitjlieder für Droschken- und Omnisbusfahrten in dienstliche Anjelejenheiten von ihrer Wohnung ins Rathaus und retour keine Spesen mehr liquidieren dürfen, das heißt also, daß sie auf Stadtkosten nicht mehr so ville Jeld verfahren sollen. Das is mal endlich ein Wort zu rechter Zeit. Es hätte man müssen ville früher anjeordnet werden, dann wäre so manche wichtige städtische Anjelejenheit von die Majistrats-Mitjlieder nich so verfahren worden. Die Menschen sind eben zu komische Leute.

Hierdurch empfehle ick mir einen hohen Adel und hochzuverehrendes Publikum als erjebenstes Jründungsobjekt aufs beste. Ick habe mir nämlich als öffentlicher Stiefelwichser mit roter Mütze niedergelassen und jlaube somit den besten Jejenstand für einen Prospekt abzujeben. Keene Zeitung wird mir wat anhaben können, denn wenn sie auch mein Jeschäft noch so schwarz hinstellt, is es vor mir immer nur Reklame. Außerdem jehört zu dieses keen Kopp, sondern man bloß Beene. Da ick ferner meinen Schemel bei die alte Münze aufzustellen jedenke, kann mit die jrößte Wahrhaftigkeit jesagt werden, daß ick ein Terrain im Mittelpunkt der Stadt besitze.

Daß meine Firma nur mit Glanz bestehen kann, liegt in die Sache selbst, und wenn jejen Erwarten aus mir keene Dividende rauskommen sollte, bleibt for die Jründer immer noch die Wichse, welche ihnen auch jeder jewiß gönnen wird: Na, wie wär's, Herr Bodenkredit? Det is so'n Jeschäftchen for Ihnen. Vielleicht fallen noch mal'n Paar druf rin. Die Menschen sind ja zu komische Leute.

Ick weeß ja nich, warum die Anhaltsche Bahn immer noch so ville Unjlück passieren läßt. Det ließe sich doch so leicht abhelfen. Sie braucht man immer janz einfach jeden Zug eine halbe Stunde früher abjehn zu lassen, als es reglementsmäßig jeschehen soll. Die Passagiere kämen dann allemal zu spät auf den Bahnhof, der Zug wäre futsch, aber die Reisenden wären jerettet. Det is doch nu so einfach, aber es kommt niemand druf. Ick hab' et ja immer jesagt, die Menschen sind eben zu komische Leute.

Gerichte und Gerichtete

Nirgends offenbart sich wohl die Eigenart und der Witz einer Bevölkerung deutlicher als vor den Schranken des Gerichts.

»Da hilft kein Maulspitzen, da muß gepfiffen werden.«

Deshalb haben sich viele Schilderer Berlins, angefangen mit dem Klassiker Berlins Adolf Glaßbrenner, immer mit dem Berliner vor Gericht beschäftigt. Auch Witze und Anekdoten beschäftigen sich mit Dingen und Vorkommnissen, die mit dem Gericht zusammenhängen. Eine kleine Auswahl dürfte hier genügen.

Durch den Herrn Stadtgerichtsrat

Bismarck arbeitete einst auch beim Stadtgericht in Berlin. Eines Tages nun vernahm er einen richtigen Berliner zu Protokoll, der durch Unverfrorenheit die Geduld Bismarcks so erschütterte, daß dieser plötzlich aufsprang und jenem zurief: »Herr, menagieren Sie sich, oder ich werfe Sie hinaus!«

Der anwesende Gerichtsrat, als Chef Bismarcks, klopfte diesem, seinem erbosten Auskultator freundlich auf die Schulter und sagte beruhigend, doch wohl auch im verweisenden Sinne:

»Herr Auskultator, das Hinauswerfen ist meine Sache!«

Daraufhin wurde die Vernehmung fortgesetzt, es dauerte aber nicht lange, so geriet Bismarck über die Dreistigkeit des Berliners abermals in Hitze, erhob sich erregt vom Stuhle und donnerte jenen mit den Worten an:

»Herr, menagieren Sie sich endlich oder ich lasse Sie durch den Herrn Stadtgerichtsrat hinauswerfen!«

Man kann sich den Gesichtsausdruck dieses Herrn denken, doch mußte er gute Miene zum bösen Spiel machen, weil gegen die scharfe Logik Bismarcks nichts einzuwenden war.

Schwere Jungens

»Wat meenste denn, Oskar. Kann Fassadenwillem jejen det Urteil noch Berufung inlejen?«

»Mensch, hör doch uff zu fachsimpeln.«

Beweis

»Ich war heute bei Riebisels zum Diner. Eine vornehme Familie. Eine sehr vornehme Gastlichkeit. Denken Sie, wir haben das Kompott mit echt goldenen Löffeln gegessen.«

»Ausgeschlossen!«

»Doch, doch.«

»Zeigen Sie.«

Feine Gäste

»Schatz, gib die Gardrobenmarke aus der Tasche!«

»Hättest du mich doch vorher erinnert, nu habe ick schon das Besteck, den Salzstreuer und die Sauciere drauf liegen!«

Seitdem

Der Richter fragt den Angeklagten: »Sind Sie schon vorbestraft?«

»Ja! Vor sechs Jahren habe ich in einer Badeanstalt einen Rock gestohlen.«

Der Richter: »Und seitdem?«

»Seitdem habe ich nicht mehr gebadet.«

Alles auf Bestellung

»Was rennst de denn so, Fritze?«

»Ach! ich habe eben eene Bestellung jekriegt, bis um elfe noch een halb Schock Bretter zu stehlen, un da muß ich mir dazuhalten.«

Jedem das Seine

»Ick hab mir vorhin zwei Finger jeklemmt…«

»Is die Möglichkeit?! Ick – zwee Taschenuhren!«

Geschäftseröffnung

»Was macht Ihr Kompagnon, den sieht man gar nicht mehr?«

»Der hat ein Bankgeschäft aufgemacht.«

»Womit?«

»Mit 'nem Brecheisen.«

Milchfrau

Wachtmeister: Sie wissen doch, daß die Fälschung der Milch verboten ist.

Milchfrau: Is det Fälschung, wenn ick for die Berliner ihre Jesundheit sorge? Wasser is jesund, sagen die Ärzte! Und danach hab ick mir jerichtet un een paar Droppen zwischen jepumpt.

Moabit

»– und dann haben Sie den Zeugen mit einem Instrument geschlagen!«

»I wo, Herr Richter, ick habe noch nie een Klavier besessen!«

Richter zur Kartenlegerin Frau Mudicke:

Sie sollen verschiedenen Leuten die Karten gelegt haben!

Frau Mudicke: Das stimmt! Sehen Sie, Herr Gerichtshof, ich bin eine zu gutmütige Frau.

Richter: Sie haben ihre Gutmütigkeit regelmäßig mit 2½ Silbergroschen bezahlen lassen. Natürlich sind auch Ihre Prophezeiungen nie eingetroffen.

Frau Mudicke: Herr Gerichtshof, verlangen Sie etwa, daß es für 2½ Silbergroschen auch noch eintreffen soll?

Handarbeit

»Also Angeklagter, was benutzten Sie denn für ein Instrument, als Sie Ihren Gegner zu Boden schlugen?«

»Gar keins, es war reine Handarbeit!«

Nur Bildungsdrang

»So! Sie haben das Messing nicht gestohlen. Wozu haben Sie denn die Türschilder abgeschraubt?«

»Von wegen jestohlen – jestohl'n – putzen wollt ick se, un die Kleen' sollt'n wat zu lesen hab'n –«

Im Zuge

Ein angetrunkener Schuster hatte in einem öffentlichen Lokal mit lauter Stimme mehrere gepfefferte Zoten erzählt. Da eine in der Nähe sitzende Dame Anstoß daran nahm, wurde der Mann vor das Gericht gestellt. Nachdem der Hauptzeuge, ein ehrsamer Viehhändler, unter dem mühsam verkniffenen Beifall des Auditoriums die inkriminierten Kalauer erzählt hatte, fragte ihn der Vorsitzende ernst:

»Herr Zeuge, kennen Sie die Bedeutung des Eides?«

Der Zeuge überlegt eine Sekunde, dann sagt er augenblinzelnd:

»Sie Schwindler – da is doch sicher ooch so'n Witz bei!«

Der Eid

Richter: Zeuge Dürr, aus ihren Akten geht hervor, daß Sie schon sehr oft vereidigt sind. Haben Sie denn auch immer richtig geschworen?

Dürr: Merschtenteils!

Feststellung

Ein Angeklagter wurde gefragt, ob er verheiratet ist.

»Na ob.«

»Mit wem?«

»Na, mit 'n Frauenzimmer.«

»Antworten Sie nicht so frech, das ist doch selbstverständlich.«

»Sagen Sie det nich, Herr Jerichtshof. Ick hab 'ne Schwester, die is zum Beispiel mit 'ne Mannsperson verheiratet.«

Zielverwandtschaft

Richter: Na, endlich bekennen Sie doch. Wenn Sie das gleich getan hätten, wäre uns viel Arbeit erspart geblieben!

Angeklagter: Haben Sie ooch so'n Ekel vor de Arbeet?

Begleitung

Polizist: Wissen Sie nicht, daß hier das Spielen auf der Straße verboten ist? Sie müssen mich begleiten!

Leiermann: Mit dem jrößten Vajnijen. Wat woll 'n Se singen, Herr Wachtmeesta?

Der nette Richter

Angeklagter: Ja, sehen Sie, Herr Jerichtshof, der wollte mir durch'n Kakau ziehen.

Richter: Was heißt das?

Angeklagter: Ja, Sehen Se, der wollte mir uff'n Arm nehmen.

Richter: Ich verstehe das nicht. Erklären Sie sich deutlicher.

Angeklagter: Na, Herr Jerichtshof, wenn ick nu sagen würde, Sie sind ein netter freundlicher Mensch, denn heeßt det so viel, wie det ick Ihnen uff'n Arm nehme.

Leibeswohl und geistige Getränke

Der Enthaltsame

Zwei Eckensteher führen folgende Unterhaltung:

Gottlieb: »Komm, Lude, mich is heute so flau, wir wollen bei Kommerzienrats eenen uff de Lippe nehmen.«

Lude: »Nee, juter Jottlieb, ick drinke heute keenen Schnaps nich.«

Gottlieb: »Und warum dieses?«

Lude: »Aus drei Jründen nich. Erstens drinke ick überhaupt keenen Schnaps, zweetens is heite meine Mutter ihr Sterbetag, da drinke ick nie keenen Schnaps, und drittens habe ick alleweil eben erst eenen jedrunken.«

Kimmel

Vor dem Destillen-Schanktisch fordert ein langer Gardegrenadier:

»Jeben Se mich for'n Sechser Kimmel, er mag kosten, wat er will!«

»Jarten«

Enge Hofräume, die zu einer Bierwirtschaft gehören, werden in Gärten verwandelt. Das Verfahren ist einfach: Man streicht die Laternenständer grün an und stellt zwei oder drei kümmerliche Gewächse in Kübeln auf. Dann kann der Wirt sagen: »Jottlieb, drage 'n Jarten rin, et rejent«, oder: »Drage mal 'n Jarten raus. Aber stell die beeden Oljander nich so dichte zusamm', det't wie 'n Park aussieht.«

Spekulation

In einer Destillation hatte der Wirt aus wohlberechneter Industrie eingeführt, daß jeder, der drei Gläser Schnaps trank, das vierte umsonst bekam; und so tranken denn viele, statt ihrer gewöhnlichen zwei Gläser, oftmals vier.

Eines Tages trat ein Arbeiter in den Laden und sagte zum Wirt: »Schenken Se mir mal eenen in; aber jleich den vierten!«

Der Bote

»Aber, Christian, es ist erst zehn Uhr früh, und er ist schon wieder besoffen!«

»Verzeihen Sie, Herr Jeheimsekretär, heute nich. Det is noch von jestern!«

Schnaps

»Wenn ick 'n Schnaps jedrunken hab, bin ick 'n anderer Mensch, und der andere Mensch will ooch 'n Schnaps haben.«

Einseitige Abstinenz

»Ick selbst bin schwerer Alkoholiker, aber Meechens, die trinken, kann ick nich ausstehn.«

Der Säufer

Arzt: »Sehn Sie, Sie schütteln sich schon selber nach dem alten Fusel!«

»Nee, det mach ick bloß, damit er ooch in alle Falten kommt!«

Der Abstinenzler

»Emil, noch eenen trinkste doch mit deinem ollen Freund?«
»Nee. Wejen Überfüllung bei mir jeschlossen!«

Destille

»– da reden de Leute immer wat von Alkohol – wat brauch'n wir'n Alkohol, wenn wir Schnaps hab'n!«

Ärztliches Verbot

»Denk dir mal, Lude«, sagte neulich ein Holzhauer beim Frühstück zu seinem Kollegen, indem er den Korken seiner Schnapsflasche abzog, »der Doktor hat mir wejen meine Unterleibsbeschwerden alle hitzigen Getränke verboten – nu muß ick immer so den kalten Kümmel runterwürjen.«

Vom fahrbaren Untersatz

Alt-Berlin

Nachts um drei transportiert der Sanitätsrat nach ausgiebiger Feier seine drei Freunde, ebenfalls schon alte Knasterbärte, zur Droschke.

»Liefern Sie die Herren gut ab«, sagt er zu dem grinsenden Kutscher. »Der in der linken Ecke ist der Apotheker Mörser, Wiener Straße 17, der rechtssitzende ist mein Kollege aus der Weberstraße 15, und der auf dem Boden schlummernde Herr ist Prof. Dr. Timpel, Andreasstraße 89.«

Die Droschke zuckelt mit ihren bewußtlosen Insassen ab. Nach einer Stunde gellt beim Sanitätsrat die Alarmglocke. Er öffnet fluchend das Fenster. Fassungslos sieht er auf die wieder angelangte Droschke, und noch erstaunter hört er die Worte des Kutschers: »Herr Rat, die Kerls sind mir alle durcheinander jetrudelt, kommen Se doch mal runter und bringen Se een Stück Kreide mit, damit ick se numerieren kann!«

Die Mistkarre

Zwei etwas angeheiterte Berliner besteigen am Bahnhof Friedrichstraße eine Droschke. »Kutscher«, schreit der eine, »wo jeht denn die Mistkarre hin?«

Da erwidert der biedere Rosselenker: »Ja, ick weeß nich, wo ick den Mist hinfahren soll.«

So jrob

Als sich ein Fahrgast von einem Droschkenkutscher übervorteilt glaubte und nach dem Satze, daß auf einen groben Klotz ein grober Keil gehört, gegen den Mann mit den schwersten Injurien vorging, sagte dieser nur ganz ruhig, als der Schimpfende eine Atempause machte:

»Nur zu, lieber Herr, nur zu! So jrob, als ick et vertragen kann, können Se doch nich werden!«

Rosinante

Wie gefärlich dem Hauptstädter das Umfallen eines Droschkengauls erschien, ist schon aus den fürsorglichen Hinweisen an Fremde zu erkennen. Stand zufällig einmal ein Besucher der Hauptstadt in der Nähe eines solchen Tieres, wurde er sofort rücksichtsvoll auf die Gefahr aufmerksam gemacht:

»Sie, man nich zu dichte ran an det Ferd!«

Den ängstlichen Erkundigungen des Fremdlings, ob das Pferd ausschlage oder beiße, folgte die prompte Antwort: »Nee, det nich, aber et könnte umfallen.«

Ein Fehler

Ein Kutscher fährt bei einem Neubau vorbei und sagt zum Fahrgast: »Sehen Sie sich bloß det Haus an. Det is doch jewiß scheen. Bloß eenen jroßen Fehler hat's: – det et nich meine is!«

Auf der Radrennbahn

Der besorgte Manager: »Nich nach die Damen schielen, Fritze! Det legt sich in die Kniekehlen.«

15. Ausflugsbetrieb im Volkspark Hasenheide
Holzstich nach einer Zeichnung von Georg Koch (um 1880)

16. Der überfüllte Pferde-Omnibus
Holzstich von Theodor Hosemann (1864)

Vom Sechstagerennen

Ein Zuschauer ruft einem zurückbleibenden Fahrer zu: »Alter, wat machst Du denn da hinten uff'n Rollstuhl?«

Zeitungsfahrer

Zwei junge Zeitungsfahrer sind aneinander gefahren und schimpfen nun aufeinander. Zum Schluß sagt der kleinere, als er wieder sein Rad besteigt: »Eigentlich hätt'ste een Ding verdient, det de nich wieder uffstehst! Aber mir tun deine Nachkommen leid!«

Versichert

Zwei Radfahrer mit Zeitungssäcken auf dem Rücken stritten sich, weil der eine angeblich den andern am Vorbeifahren hinderte.

»Mensch, dir könnt ick ja wie ein Stück Papier über'n Haufen fahren!« sagte schließlich der hintere. »Aber Du armes Luder bist ja in keene Lebensversicherung!«

Zusammenstoß

Zwei Chauffeure sind mit ihren Waagen aneinander gefahren. Der eine Wagen hat zwar nur eine kleine Ritze am hinteren Schutzblech davongetragen. Der andere ist ganz heilgeblieben. Aber gerade der Chauffeur des unbeschädigten Wagens ist am meisten aufgebracht. Er schreit am lautesten. Eine große Menschenansammlung hört zu.

Als der erste den lautschimpfenden Chauffeur aufmerksam macht, daß ja gar nichts geschehen sei, fragt sein Gegner ihn:

»Wat?... Hast woll lange nich aus't Krankenhaus jekiekt?«

Er weiß Bescheid

Ein Berliner fährt mit der Straßenbahn. Als er absteigen will, hält der Wagen nicht. Da macht er Miene abzuspringen.

»Nach vorne abspringen«, ruft der Schaffner schnell. Der Berliner aber springt nach hinten ab und fällt natürlich hin.

»Ich habe Ihnen doch gesagt, Sie müssen nach vorne abspringen«, ruft ihm der Schaffner zu.

»Du oller Ochse«, meint darauf der Berliner, indem er sich den Rücken reibt, »det mechste woll, det ick uff de Fresse falle.«

Schaffnerlist

»Sie! Kondukteur«, sagt ein Berliner, als nach Beendigung des Winters die Sitzkissen aus den Wagen entfernt sind, »hier drückt man sich ja die Knochen entzwee; die Banke is so hart.«

»Warten Se eenen Oogenblick«, antwortet der Beherrscher des Wagens, »wir kommen jleich an 'ne ›Weiche‹.«

Seine Meinung

Großer Ansturm auf die Straßenbahn nach Mariendorf. Es ist einer jener entsetzlich langen Wagen, »Eierkisten«, wie sie eben nach Mariendorf zu fahren pflegen. Unter andern steigt auch Herr Lehmann ein.

Der Schaffner: »Bitte die Herrschaften, weiter nach vorn treten.«

Herr Lehmann geht einige Schritte in das Wageninnere hinein. An der nächsten Haltestelle wieder großer Ansturm.

Der Schaffner: »Bitte, weiter nach vorn treten.«

Herr Lehmann geht wieder einige Schritte vorwärts. An

der nächsten Haltestelle dasselbe Bild. Wieder ruft der Schaffner: »Bitte weiter nach vorn treten.« Wieder bewegt sich Herr Lehmann vorwärts. Und so noch ein paar Mal. Schließlich ist Herr Lehmann ganz vorn angelangt. Nun ist aber der Augenblick gekommen, wo er aussteigen muß. Mühsam quetscht er sich durch die Menschen hindurch. Da begegnet er dem Schaffner.

Der Schaffner: »Sagen Se mal, ha'm Sie eijentlich schon 'n Fahrschein?«

Herr Lehmann: »Nee, den hab ick noch nich.«

Der Schaffner: »So, Sie ha'm noch keenen Fahrschein? Na, denken Sie denn, Sie können hier umsonst fahren?«

Herr Lehmann (entrüstet): »Wat sagen Se, fahren? Ick bin ja jar nich jefahren. Ick bin ja de janze Strecke jeloofen.«

Medizynisches

Schwerer Fall

In der Sprechstunde erschien der Großschlächtermeister Schmiedel: »Herr Doktor! Ich komme in eine Privatangelegenheit. Wir haben nämlich keene Kinder. Wir sind schon mit meine Frau bei die berühmtesten Professoren persönlich gewesen. Es hat aber keene Wirkung gehabt. Jetzt hat man mir Ihnen empfohlen. Wat können Sie uns raten?«

»Na«, sagte ich, »wie wär's mit einem Frauenbad, vielleicht Franzenb...«

»Nee«, unterbrach mich Herr Schmiedel schnell, »nee, Herr Doktor! Ick hab mir schon Schlafburschen jehalten, 's hat ooch nischt jenutzt.«

Beim Kassenarzt

»Liebe Frau, am besten wäre es, Ihre Schwägerin käme selbst zu mir – hat sie vielleicht Würmer?«

»Jawohl, Herr Doktor, drei Stück, und det vierte is unterwejens!

In der Klinik

»...Beachten Sie ferner, meine Herren, das blöde Glotzauge, diese Gurkennase, und Sie haben den klassischen Typ des Gewohnheitssäufers.«

»Na, Herr Professor, der Schönste sind Sie aber ooch jrade nich!«

Das Impfen

»Das Impfen der Kinder hat gar keinen Zweck«, sagte Frau Müller. »Ich habe meinen kleinen Jungen impfen lassen, sechs Wochen später fiel er vom vierten Stock herunter und war sofort tot.«

Bewegung

»Ihnen fehlt nichts als Bewegung«, sagt der Arzt. »Sie sollten jeden Abend, wenn Sie aus dem Dienst kommen, zehn Kilometer laufen. Aber das wollen Sie nicht, wie?«

»Nee. Ich bin Briefträger.«

Diagnose

»Weeste, Paule, ick komme mir manchmal vor wie 'n Arzt.«

»Nanu?«

»Na, det kann ick dir sagen: Die ick schon mal besucht habe, wissen janz jenau, wat ihnen fehlt!«

Der Totenschein

Zum Dr. X, der im hohen Norden von Berlin wohnt, kommt ein ihm gänzlich fremder Diätar aus dem fernsten Süden der Stadt. »Ach, Herr Doktor, heute nacht ist uns unsere neunzigjährige Großmama plötzlich gestorben, und da wollte ich Sie bitten, uns doch den Totenschein zu unterschreiben.«

»Aber bester Herr, da kommen Sie den weiten Weg zu mir her? Das hätte doch jeder Kollege in Ihrer Nähe gerade so gut gekonnt!«

»Gewiß, aber gerade Sie sind uns doch so sehr empfohlen worden.«

Symptome

»Mensch, du hast ja 'n Schnupfen.«

»Ja, ich hab ein Stück Schweizerkäse gegessen.«

»Na, und?«

»Durch die Löcher kam so 'n Zug.«

Der Patient

Stabsarzt: »Na, Kulike, wie geht's mit Ihrer Krankheit?« Können Sie schon trommeln?«

Kulike: »Nee, Herr Stabsarzt.«

Stabsarzt: »Also schön – noch acht Tage Schonzeit.«

Nach acht Tagen kommt der Stabsarzt wieder und fragt: »Na, Kulike, können Sie jetzt schon trommeln?«

»Nee, Herr Stabsarzt.«

»Na, zum Donnerwetter, warum denn immer noch nicht?«

»Herr Stabsarzt, ick bin Hornist!«

Die Welt des schönen Scheins

Theater

Schauerstück. Der von Räubern überfallene Held breitet die Arme in der Richtung der Galerie aus und ruft flehentlich:

»Ihr Götter, helft mir!«

Da ertönt hoch oben eine Stimme: »Oogenblick, ick komme jleich runta!«

Backfische

Bei der Erstaufführung einer Pariser Posse im Berliner Residenztheater beanstandete der Kritiker eines frommen Blattes die Anwesenheit zweier halbwüchsiger Mädchen im Parkett.

»Lieber Doktor«, antwortete Direktor Lautenburg, »es sind doch *zwei* Backfische, da wird im Zweifelsfalle die eine schon die andere über alles aufklären.«

Fritz Beckmann

In einer Gesellschaft, wo er sich mit dem bekannten talentvollen, aber auch sehr eitlen Hofschauspieler Moritz Rott befand, der mit einer gewissen Geringschätzung auf Beckmann herabsah, erzählte dieser folgenden Traum: »Denkt euch nur, mir träumte, daß ich gestorben wäre. Erschrocken klopfte ich an dem Himmeltor, vor dem Petrus mit seinem großen Schlüssel Wache stand. ›Was will Er?‹ schnauzte mich der Heilige mit wahrhaft himmlischer Grobheit an. ›Mit Ihrer gütigen Erlaubnis‹, versetzte ich schüchtern, ›möcht' ich in den Himmel.‹ Darauf fragte er mich barsch: ›Wer und was ist Er?‹ – ›Ein Schauspieler!‹ – ›Unverschämter Kerl‹, rief Petrus,

›weiß er denn nicht, daß kein Schauspieler in den Himmel kommt?‹ Damit schlug er die halbgeöffnete Tür, durch die ich die lieben Englein schon musizieren hörte und das himmlische Manna roch, mir vor der Nase zu. Vergebens legte ich mich aufs Bitten, der Heilige blieb ungerührt und drehte mir den Rücken. Während ich noch wie ein betrübter Lohgerber dastehe, sehe ich unseren Freund Rott kommen und geraden Wegs auf den Himmel zugehen. Zu meiner größten Überraschung läßt ihn Petrus mit einer tiefen Verbeugung ohne alle Umstände passieren. Empört über die Ungerechtigkeit stelle ich den Heiligen zur Rede: ›Wissen Sie denn nicht, daß Moritz Rott auch ein Schauspieler war, gerade so wie ich?‹ sagte ich ärgerlich.

›Was fällt Ihm ein!‹ entgegnete der Heilige und schlägt ein lautes Gelächter an, ›der Rott ist nie ein Schauspieler gewesen, und wer ihn dafür hält, der muß ein großer Esel sein.«

Der Optiker und der Schauspieler Beckmann

In einem der Eckhäuser an der Neuen Friedrich- und Königstraße in Berlin befand sich vor siebzig Jahren der Laden des Optikers Amuel. Er war ein kleines altes Männchen, sein dünnes, graues Haar stets mit einem Sammetkäppchen bedeckt. Wie er zum Optiker geworden, hat niemand ergründen können, denn sein Urteil über optische Gegenstände war durch keinerlei Sachkenntnis getrübt. Trotzdem verkaufte er Brillen, besonders blaue, die er grosweise aus Rathenow bezog, und zur Zeit des Wollmarktes war der Eingang seines Ladens mit Kuhglocken, von der größten an bis zur kleinsten, dekoriert. Das alles aber hätte die Aufmerksamkeit der damaligen Berliner nicht in so hohem Maße erregen können, wie es der Fall war, wenn er nicht durch sein stetes Klagen bei Gericht zur Zielscheibe des Berliner Witzes geworden wäre. Er kam nie zur Ruhe, dafür sorgten schon die Eckensteher, die ihren Platz an der Ecke gegenüber von der großen Lehmannschen Destillation tagaus, tagein behaupteten.

»Herr Amuel, ich komme von Boetzow'n von't Schönhauser Tor«, rief ihm einer derselben zu, »un er läßt fragen, ob Sie noch Kuhglocken vor Ochsen haben.«

»Ge-wiß, gewiß!« rief Amuel eifrig und stotterte wie immer. »Sie kö-kö-können haben das schönste Geläut für Herrn Boe-Boetzow! Sehen Sie hi-hier, fünf Glocken in Mo-moll! Soll'n Sie ha-haben für vi-vier Taler.«

»Klingeln Sie mal damit!«

Amuel klingelte eifrig.

»Sehr jut«, sagt der Eckensteher. »Nu binden Se sich die Dinger man selber um den Hals, denn muß det sehr natürlich aussehen.«

»Wie – wie haißen Sie?« ruft Amuel wütend.

»Schimbumski mit'n tz, Ackerstraße 30.«

»Gu-gut. Herr Schimbumski! Wir we-werden uns sprechen bei'n Schiedsrichter.«

»Guten Tag, Herr Kollege!« redete ihn bald darauf ein Handwerker an.

»Wie haißt Kollege, Herr Retzlaff? Ich kenne Ihnen doch! Sie sind doch Tischler und ich bin doch O-O-Optikos!«

»Richtig, eben darum – Sie machen Brillen un ick ooch!«

»Herr Retzlaff – wi-wir werden uns sprechen aufs Gericht!«

So geht es Tag für Tag, und die Nachbarschaft sorgt mit Eifer dafür, daß die Amuel-Witze »rumkommen«.

Am bösesten aber hat ihm doch der Schauspieler Beckmann mitgespielt, der mit ihm beim Mittagstisch im »Kaiser Alexander« bekannt geworden war.

Beckmann trat eines Tages in den Laden und verlangte mit fürchterlichstem Stotterton höflichst eine Brille.

»Herr B-be-be-Beckmann! Ich ver-bittette mich, daß Sie mi-mich nachm-m-machen!«

Beckmann versicherte unter Stottern hoch und teuer, daß es ihm nicht einfiele, einen so berühmten Optiker ärgern zu wollen.

»He-Herr Beckmann, wir werden uns sprechen aufs Gericht!«

Und richtig! Beckmann erhielt eine Vorladung vor den Schiedsrichter.

Es ist selbstverständlich, daß im damaligen, noch typisch unverfälschten Berlin, wo jeder seinen Bürgerbrief haben mußte und darauf nicht wenig stolz war, alle Welt einander kannte. Beckmann kannte also den Schiedsrichter und der Schiedsrichter den »Optiker«.

Kläger und Verkläger erschienen in dem der heiligen Hermandad geweihten Raum.

»Angeklagter, wie heißen Sie?« fragte der Richter ordnungsgemäß.

»Ich-ch hei-hei-heiße Be-bebeckmann!«

»Ich ersuche Sie, Herr Beckmann, hier alle ungehörigen Scherze wegzulassen und, wie es sich vor Gericht geziemt, meine Fragen ernst zu beantworten. Sind Sie schon bestraft?«

»Ve-ve-verheiratet!«

»Lassen Sie das, sage ich noch einmal! Sie als bekannter Schauspieler stottern auf der Bühne niemals!«

»Da da-da ver-ver-verstelle ich mich ja blo-bloß!«

Galerie

Ein Zauberkünstler führte in einem Vorstadttheater das Zersägen einer lebenden weiblichen Person vor. Von seinen beiden Gehilfinnen war seine Frau weder schön noch häßlich. Die zweite Gehilfin aber war jung, munter und hübsch.

Als er sie zu dem Zauberkasten geleitete, um sie darin einzuschließen, rief ein Mann vom hohen Olymp herab:

»Willi! Zersäg doch lieber die andere!«

Kollegen

»... daß ich sagen muß: er ist in seinem Heim ein prachtvoller Mensch, kein Schauspieler –«

»Kunststück, Herr Kollege, auf der Bühne doch ooch nich.«

Der urkomische Bendix

In der Dresdener Straße stand das American-Theater, im Volksmund »Wurschtkessel« genannt. Eine verräucherte Kneipe, in der kleine Szenen und Vorträge geboten wurden. In diesem Lokal wirkte jahrzehntelang vor der Wende des 19. Jahrhunderts Martin Bendix, ein »waschechter« Berliner, geboren am 22. Juli 1843.

»Meine Wiege«, erzählte der sehr beliebte Komiker, »stand in der Laufgasse, der heutigen Gormannstraße. Wo sie jetzt steht, weiß ich nicht!«

Wer kennt nicht die geflügelten Worte, die sich mit unauslöschlicher Schrift in unserer Erinnerung eingegraben haben? Einige der am meisten zitierten möchte ich hier nennen: »Nu aber raus« – »Sachte, et klemmt sich« – »Eine feine Familie« – »Ick mit mein'n Verstand« – »Uns kann keener« – »Verlieren Se nischt, es stuckert« – »An den Kalmus piepen wir nich« – »Bumke muß et wissen« – »Mir könn'n Sie's ja sagen« – »Nich uffregen, det rujeniert den Täng« – »Quatsch nich, Krause« – »Wenn man bedenkt, was daran hängt« – »Man merkt's am Jang, da is was mang«.

Einer seiner besten Witze war wohl:

»Der Spiegel ist so gut wie neu. Et haben erst drei rinjesehn.«

Hanns Fechner teilt in seinem hübschen Buch »Mein liebes altes Berlin« mit:

Vornehmlich erzählte er in seinem nüchternsten Ton, in seinem Jargon von Hochdeutsch und reinstem Berliner Dialekt eine Geschichte nach der andern, wie zum Beispiel: »Ick glaube ja nich an Jespenster und Spuk – aber manchmal weiß man doch nich. Da bin ick nämlich neulich umjezogen – in'n altes Haus – die Leute sagten, ich sollte nich da rinziehen, da spukt's! ›I‹, sag ick, ›wie wird's denn spuken!‹ Und richtig! Wie ick mit det Vogelbauer in eene, und de Lampe in de andere Hand die dunkle Treppe raufkomme, – da – spuckt mir eener uff'n Kopp!«

Oder aber: »Für de neue Wohnung hab ick mir'n Spiejel jekooft. Da sagte denn det Fräulein: ›Woll'n Se'n jleich mitnehmen. Soll ich'n Ihnen einschlagen?‹

›Um Himmels willen nich inschlagen!‹ sagt' ich, – ›ick will'n janz mitnehm!‹«

Das zweifelhafte Theaterstück

Frau Raffke erzählt ihrer Freundin, daß sie heute abend nach dem Schauspielhaus gehen werde.

»Ah, was gibt es denn?«

»Ja, das wissen wir selbst noch nicht genau; entweder ›Minna von Barnhelm‹ oder ›Das Soldatenglück‹.«

Die Schulzen im Parsefall

Die Schulzen war im Parsival. – Sie kennen doch die Schulzen? Frau Rentier Schulz aus dem bayrischen Viertel, Berlin W. W. Sehr wohlhabend, sehr elegant. Viele Brillanten, eigenes Auto und eine Kulturwohnung. Überall zu sehen, wo es sehr viel kostet. »Wir haben es ja!«

Also die Schulzen war im Parsival – sie ist noch ganz voll davon. Sie redet »ein bißchen berlinisch«, Nachklang aus Berlin O., Umgegend vom Zentralviehof, wo – aber nein, ich will nicht indiskret sein.

Jott, der Parsefall – sagt die Schulzen – na ja, man muß'n jesehn haben, damit man drüber reden kann als jebildeter Mensch. Wir haben uns jleich bei de erste Vorstellung 'ne Loge jenommen, denn nachher, wenn's billig wird und erst der janze Pöbel hinjeht, denn machts keenen Spaß mehr.

Aber der Parsefall is scheen, sone schneene Ausstattung und sone Kostüme haben wir ins Theater lange nich jehabt. Wat er eijentlich bedeutet, hab ick zuerst nicht recht verstanden, aber denn is da der Jurnemanz, der singt einem alles vor, und singt in eene Tour wech, jrade als hätt er wat zum Singen einjenommen. Und er singt, wat jewesen is und wat noch jeschehen soll, und det Jewesene, det is der Jral und die heilje Lanze, die Amfortassen abhanden jekommen is, und darin liecht ooch det Feierliche und det Weihespiel. Denn in den Jral seinen Tempel, da kommen nur Mannsleute rin, die auf Anstand halten und mit de Mächens – nich rühr an.

Aber da liegt das Hase im Pfeffer, und det is der Punkt, aus dem sich allens entwickeln tut, denn Klingsor, der olle Zauberer, der wollte ooch 'n Jralsritter werden, aber er hatte 'n weites Herz, und det Verjnüjen mit de Mächens lassen, det wollt er nich. Vielleicht konnt er ooch jar nich, et jiebt ja sone Männer, in die liegt det drin. Na, und weil det also nu nich jing mit dem Jral, da hat er irjendwat jemacht. Wat, det sagt ja Jurnemanz nich, aber jedenfalls konnten ihm die Mächens nu nich mehr gefährlich werden, und er sie erst recht nich, und nu dacht er woll, die Sache wär ins Lot, und er könnte ruff nach Monsalvatsch.

Aber da hat er sich eben jeirrt, und Titurel, wat der olle Jralskönig is, der 'n janzen Tag in Sarch liegt und singt, der sagte: »Is nich – for sone Anständichkeit danken wir; det is ja keene mehr...«

Na, daß den Klingsor det nu mächtig jewurmt hat, det kann man ihm ja nachfühlen. Wat hatte er denn nu? Zum Jral kam er nicht rin und det Verjnüjen mit de Mächens war ooch aus. Er muß aber 'n gerissener Hecht jewesen sind und hat sich woll jedacht: Wartet man, jetzt krieg' ich euch bei eure schwache Seite! Woll'n mal sehn, ob ihr drüber wechkommt. Und dann jeht der Hund hin und macht den Jralsrittern dicht vor de Tür sone Art Blumensäle auf, alles mit Damenbedienung; de schönsten Mächens mit jar nischt an und bloß 'n dünnen Schleier drüber. Die Jralsritter fielen ja denn auch druff rin wie die Fliegen auf 'n Zucker, woran man wieder mal sieht, det die sojenannte Anständichkeit von de Mannsleute jrade soweit langt, als keene Weiber da sind. Am tiefsten rinjeschildeert is aber doch der Amfortas – und wie er wieder rauskommt, is ja denn ooch jlücklich die heilije Lanze futsch, und er hat ooch sonst noch wat wech. Ick denke mir, 's muß sone Art offnes Been sein, denn es will nich wieder zujehn, und Kundry looft durch alle Apotheken und sojar bis nach Arabien runter, und bringt von da 'ne Inreibung mit; aber die hilft ooch nischt, und det Been jeht nicht zu.

Aber die Kundry – na, wissen Se, det is nu erst 'ne Nummer. »Dienen!« schreit se immer, »Dienen, dienen!« Aber möchten Sie so eene in'n Dienst nehmen? Immerzu liegt se und schläft und weeß von nischt, und denn verschwind't se uff eenmal und bleibt 'n paar Wochen wech, und wo se is, kricht keener zu erfahren. 'ne Verjangenheit hat se ooch und 'ne ziemlich brenzliche sojar. Ick hab' ooch so'n stillen Verdacht – se hat mal wat mit Klingsorn jehabt, und sie is det jewesen, die die Jeschichte mit dem Amfortas jedeichselt hat.

Ja, und der Amfortas, der liegt nu da mit sein offnet Been und wartet auf den jungen Mann, der ihn heilen soll, und det muß, wie der Jral ihm prophezeit hat, eener von die sein, die nich alle werden, na und so 'n Dummkopp is ja denn ooch der Parsefall.

Jut einführen tut sich der Junge ja nu jrade nich. Kaum is er da, schießt er 'n Schwan dot, und Jurnemanz muß ihm erst 'ne lange Rede vorsingen von wejen det se hier alle zum Tierschutzverein jehören, und det man keen Viehzeuch dotmachen darf. Wenn se aber allens leben lassen wollen, denn möcht ick bloß wissen, wat wird da aus de Flöhe?

Aber der Parsefall is wirklich 'n jroßer Schafskopp. Nischt kann er antworten, wie: »Ick weeß nich.« Und wie Jurnemanz 'n mit raufschleppt in de Jralsburg, weil er denkt, jetzt wär er richtig an de richtigen Dummen jekommen, da steht doch der Junge da, als könnt er nich »Piep« sagen, und hört Amfortassen 'ne halbe Stunde singen und fragt nich eenmal, wat hat denn der olle Mann? Na, Jurnemanz schmeißt 'n ja denn ooch raus – und ick sage ooch: 'n bißken Dummheit is janz jut, aber noch dümmer, als es selbst der Jral erlaubt – nee, det jeht nich.

Na und wie wir soweit waren, da jab es 'ne Pause, und man konnt 'n Jlas Bier trinken, und ick hab' mir jefreut, det's Essen so billig war, denken Se bloß: 'ne Wurschtstulle für vier Jroschen!

Aber der zweite Akt, der is sehr schön, da kommt man nu zu Klingsor in de Blumensäle, und die Mächens sind wirklich so schön, det man's die Jralsritter nich verdenken kann, det sie anjebissen haben und mein Oller meinte ooch, er würde nich nee sagen, wenn se sich um ihn 'n bißchen betäten; und den besten Beweis für seine Dämlichkeit den brächte der Parsefall, wie er se wechschubst. – Sogar zu de Kundry sagt er Nee. Aber die Kundry! Hab' ich's nich' jleich jesagt – se hat mit

Klingsor ooch wat jehabt; und nu liegt se auf's Kanapee mit Rosen drüber und macht sich niedlich mit den dummen Jungen und jibt ihm Aufklärungsunterricht – und knutscht'n ab, bis er schreit: Amfortas! Ick möchte aber bloß wissen, warum er det auf eenmal schreit und wieso ihm nu jrade bei det Jeknutsche de Verstehste an zu dämmern fängt.

Na det er von de Kundry nischt wissen will, det find ick ja nu hübsch von dem Jungen, da sieht man, wat 'n unverdorbnet Jemüt ausmacht, aber konnte er ihr denn det nich 'n bißken schneller klarmachen? Herrjott noch mal, eene geschlagne Stunde sitzen die beede auf's Kanapee und singen sich jejenseitig an.

Aber wenigstens kriegt der Parsefall nu de Lanze wieder und könnte hinjehn und Amfortassen heilen. Aber denken Sie, der Junge tut's? In de Welt looft er raus, und wie er im dritten Akt wiederkommt, da hat er schon 'n jroßen Bart und trägt 'ne schwarze Rüstung und erzählt Jurnemanzen, der ooch inzwischen 'n oller Herr jeworden is, wunder wat er allens vor Heldentaten jetan hat draußen in de Welt. Ick hab' mir ja jedacht: Erzählen kannste ville, hättest se uns lieber vormachen sollen, det wär amüsanter, und der Jurnemanz singt ooch wieder 'ne lange Leier von dem, wat jewesen is und wat kommen soll, und dann is Kundry da und fängt an, Jurnemanzen seine Hütte reinezumachen, wat ja wohl nötig gewesen sein wird – und denn bin ick einjeschlafen.

Det heeßt, janz fest nich – dazu war de Musike ja nu doch zu laut – immer bloß mit kleene Absätze – und wie ick 's erstemal hochschreckte, hatten se Parsefall 'n langes weißes Nachthemde anjezogen, 's kann aber och 'n Frisiermantel jewesen sein, denn Jurnemanz machte ihm wat in de Haare, und Kundry saß und putzte ihm an de Beene rum, un ick mußte denken: det is so det richtige Ende für die ihre Karriere – jetzt macht se Pediküre.

17. Tretbootfahren auf der Spree bei Treptow
Foto (um 1910)

18. Filmtheater am S-Bahnhof Frankfurter Allee
Foto (um 1903)

Na ja, und denn is det ja sehr traurig da oben im Jralstempel, wie der Amfortas immer noch jammert um sein offenes Been; aber warum er da wieder seinen doten Vater im Sarg ne janze halbe Stunde lang ansingen muß, weeß ick ooch nich, und ick hatt' bloß immer Angst, der olle Titurel fängt ooch wieder mit 'ne Arie an. Ja, und als ick denn mal wieder aufwachte, da kam jrade 'ne jroße weiße Taube an zwee Strippen von de Decke runter und dann schrien se neben mir »Sitzen bleiben« – da klappt ick meinen Sitz wieder runter, denn nun merkte ick erst, det de Musik auch beim jeschlossenen Vorhang noch 'ne Weile weiterging.

Aber man will doch schließlich zu seine Jarderobe, und außerdem war es schon furchtbar spät, ick hab' nachher in unserer Stammkneipe nich mal mehr 'n Eisbeen bekommen.

Sonst war aber wirklich alles sehr schön und feierlich – und erweckt eenen janz erhab'ne Jefühle. Nee wirklich, man kann nich immerzu bloß in de Operette loofen, man muß sich ooch mal wat Beßres ansehen; det is 'n jebildeter Mensch sich selber schuldig.

Kroll-Engel

Engel war ein Original. Wer kannte in Berlin nicht den Kroll-Engel? Mit seiner deutsch-ungarischen Ausdrucksweise, mit seinen guten, glücklichen Einfällen, seinem Mutterwitz traf er stets das Richtige. In Verlegenheit kam er eigentlich nie, denn er verstand es, ernste Angelegenheiten durch witzige Wendungen zu ebnen.

Nach dem Ringtheaterbrand in Wien wurden auch den Berliner Theaterdirektoren viele mehr oder weniger kostspielige Veränderungen von ihren Theatern zum Schutz des Publikums vorgeschrieben. So war Engel wieder einmal nach dem Polizeipräsidium befohlen worden, wo ihm eröffnet wurde, daß er noch eine Tür nach der Straße in den Zelten anzubringen habe, damit das Publikum auch dort hinauskommen könne. Engel erwiderte mit der ihm eigenen liebenswürdigen Gemütlichkeit:

»Meine Herren, die Türe wird selbstverständlich hergestellt werden, damit das Publikum hinauskommen kann, vielleicht können Sie mir aber auch eine Tür vorschreiben, wo ich das Publikum hineinbekommen könnte.«

Die beiden Kammersänger Nachbauer und Reichmann sangen abwechselnd im Krollschen Theater. Engel wollte, um dem Publikum einen ganz besonderen Genuß zu verschaffen, diese beiden Kassenmagneten veranlassen, an einem Abend zusammen aufzutreten. Die beiden Herren befanden sich an einem Nachmittag im Krollschen Garten. Engel benutzte diese Gelegenheit, ihnen seine Idee mitzuteilen. Die Künstler waren hocherfreut, gemeinschaftlich wirken zu können. Engel kam nun auf die Hauptsache, nämlich auf die Honorarfrage, zu sprechen.

»Nun, Herr Nachbauer, was fordern Sie?«

»Die Hälfte der Einnahme.«

»So, und Sie, Herr Reichmann?«

»Die Hälfte der Einnahme.«

»Nun, meine Herren, da werden Sie vielleicht so gut sein und mir an diesem Abend ein Freibillet schenken.«

Eine seiner Leidenschaften war das »Annoncieren«, das er nie dem Regisseur überließ. An einem Abend erkrankte eine Sängerin während der Aufführung, und die Vorstellung konnte nicht zu Ende geführt werden. Engel erschien mit einem Zylinder in der Hand auf der Bühne und sprach:

»Hochgeehrtes Publikum! Die Sängerin Fräulein (?) ist plötzlich erkrankt, und die Vorstellung kann nicht weiter stattfinden. Ich bitte, sich das Geld für die Vorstellung an die Kasse zurückgeben zu lassen!«

Darauf ruft eine Stimme aus dem Publikum: »An der Kasse.«

Engel antwortete sofort: »An der oder an die Kasse, die Hauptsache ist, wenn überhaupt was drin ist.«

Helmerding

Er hatte in einem Stück seinen Partner nach dem Befinden seines Bruders zu fragen. Die Antwort lautete: »Oh, dem geht es jetzt recht gut; er trinkt auch nur noch Apfelwein.«

Da schlug sich Helmerding mit der Hand aufs Knie, daß es nur so schallte, und rief ins Publikum hinein: »Den Appel kenn ick; der wächst in Nordhausen als Kartoffel!«

Der Totgesagte

Eines Tages erschien Helmerding in dem Bierkeller, in dem die Künstler des Wallner-Theaters sich zu treffen pflegten, mit sehr ernstem Gesicht. Mit Trauermiene erklärt er den anderen, der Kollege August Neumann sei plötzlich verstorben. Darob natürlich allgemeines Entsetzen. Alle bedauern den zu früh Dahingeschiedenen, man lobt seine guten Charaktereigenschaften, sein gutes Spiel, als plötzlich die Tür aufgeht und – der Totgesagte erscheint. Freudig erregt blickten alle auf Neumann, um dann fragende, vorwurfsvolle Blicke dem Künder der Trauernachricht zuzuwerfen.

»Still Kinder«, raunt ihnen Helmerding leise zu, »seid um Jotteswillen still. Er weeß ja noch von nischt.«

Adalbertiana

Max Adalbert ging eines Tages mit seinem Dackel im Freibad Wannsee spazieren. Plötzlich winkt ihm eine Kollegin, die sich durch besondere mondäne Überschlankheit auszeichnete. A tempo stürzt sich »Murxl« auf die Dame und war bereits am »Anbeißen« als die Künstlerin erschreckt Adalbert bat, den Hund zurückzurufen. Der entschuldigte sich mit den Worten, die Versuchung sei für den Dackel zu groß gewesen, denn so viel Knochen habe er noch nie beisammen gesehen.

Max Adalbert sitzt am Spieltisch im Bühnenklub mit Rudolf Meinhard, der durch ein übergroßes, schlecht in seine Visage passendes Monokel bekannt ist.

Der Kellner kommt mit einem riesigen Tablett ins Spielzimmer. Ein Ruck, ein Krach, das ganze Porzellan fliegt auf den Boden. Aufregung an den Tischen. Fragen, was passiert sei.

Adalbert verliert die Ruhe nicht, wendet keinen Blick von den Karten und sagt erst nach einer Weile:

»Sie, Meinhard, war das Ihr Monokel?«

Oh, diese Gören

So 'ne Kröte!

Ein kleiner Junge wollte klingeln und konnte die Glocke neben der Haustür nicht erreichen. Ein vorübergehender Herr hob ihn hinauf. Der Bengel riß einmal tüchtig an der Glocke, daß es weit über die Straße gellte. Dann meinte er:

»So nu lassen Se mir wieder runter. Nu wollen wir machen, daß wir wegkommen. Sonst kommt eener und verhaut uns!«

Die Stulle

»Wat weenst'n, Kleener?«

»Da hat mir eener meine Stulle in de Spree jeschmissen.«

»Mit Absicht?«

»Nee, mit Kese.«

Der Mann mit der Glatze

Den Hut in der Hand läuft ein Kahlköpfiger über die Straße. Ein Berliner Junge ruft ihm, schnoddrig wie die Berliner Jungen nun einmal sind, zu: »Sie, Ihnen is wohl der Kopp durch de Haare jewachsen?«

Aber der Mann mit Glatze ist schlagfertig: »Paß bloß uff, Lümmel, det dir mein Mond nich in de Fresse blakt.«

Der Dicke

In einem Gartenlokal in Treptow ist eine Automatenwage. Ein sehr dicker Herr stellt sich darauf, aber wegen irgendeines versagenden Mechanismus rückt der Zeiger nur ganz wenig nach rechts. Zwei Berliner Jungen beobachten interessiert den ganzen Vorgang.

»Kiek mal, Ede«, ruft der eine, »der Dicke is hohl.«

Der verlorene Billionenschein

Ein Straßenjunge nähert sich einem Herrn:

»Ha'm Sie vielleicht einen Billionenschein verloren?«

»Augenblick, warte mal«, erwidert der Herr und stöbert in seinen Taschen herum. »Ja, ich glaube, mir ist beinahe so – Donnerwetter, tatsächlich – hast du etwa einen gefunden?«

»Nee«, sagt der kleine Berliner, »det nich, aba Sie sind jrade der Hundertste, der eenen valoren hat.«

Sparsamkeit

»Was hast du mit den fünf Pfennig gemacht, Karlchen, die ich dir gestern gab?« fragte Tante Minna.

»Hab' ich in die Sparbüchse gesteckt.«

»Du bist ein braver Junge. Hier hast du noch fünfzig Pfennig.«

»Die kommen aber nich in die Büchse«, sagte Karlchen stolz, als er sie weghatte, »aber mit dem Sechsa konnt ick sowieso nischt anfangen!«

Tüchtigkeit

»Lieber Herr, schenken Se mir doch 'n Jroschen, Vata un Mutta sinn dot und haben nischt zu essen.«

»Aber Junge, denn brauchen se doch nichts mehr zu essen.«

»Det hab ick ja Muttern ooch jesacht, aba die meente: Doppelt hält jut!«

Märchen

Großmutter: »Kinder, tobt doch nicht so, ihr wißt doch, daß heute früh der Klapperstorch Maman ins Bein gebissen hat.«

Die achtjährige Familienrange: »Kiek mal an, Jroßmutter will Märchen erzählen!«

Aufklärung

Der Vater fragt seinen Dreizehnjährigen: »Sage mal, Junge, ist das wahr, daß ihr in der Schule sexuelle Aufklärung bekommt?«

Antwort: »Ja, Vater; wat willste denn wissen?«

Mehr als Du!

»Junge, wat stoßt Du denn meinen kleenen Bruder. Ick wer' et jleich mein' Vater sagen.«

»Dummer Junge, Du hast ja gar keenen Vater.«

»Schafskopp, mehr als Du!«

Der fromme Vater

Der Religionslehrer fragt in der Schule, in welchen Familien mittags gebetet wird. Niemand meldet sich. Er fragt weiter: »Na spricht denn euer Vater beim Mittagessen nie vom lieben Gott?«

»Ja, Herr Lehra, meina!«

»Na, was sagt er denn, Fritzchen!«

»Vata sagt manchmal: Ach du lieba Jott, Mutta, een Fraß is det heute wieda!«

Ick nich

»Unsa Lehra hat jesagt, wir stammen von'n Affen ab.«
Vater: »Ach wat! Du villeicht! Ick nich!«

Ehrfurcht

Ein Holzhauer begegnete, als er mit seinem neunjährigen Sohn auf der Straße ging, dem Schulmeister. Ehrerbietig zog er die Mütze ab, indes sein Sohn sie auf dem Kopfe behielt. Darüber aufgebracht, riß er sie ihm vom Kopfe und sagte zu ihm:

»Dummer Junge, kannst du denn nich vor deinem Schulmeester de Mütze abnehmen und kannst sagen: juten Dag ooch – du Schafskopp?«

Der richtige Berliner

Ein kleiner Junge bekommt von seiner Tante zehn Pfennig geschenkt. Voll Freude eilt er zu seinem Vater und zeigt ihm das Geld.

»Laß mir dafür Karusell fahren, Vater!« sagt der Junge.

Der Vater sieht ihn streng an und sagt: »Wie heißt es, mein Sohn?«

»Bitte, lieber Vater, laß mir Karussell fahren!«

Der Vater fragt ihn abermals mit strengem Blick: »Wie heißt es?«

Zögernd sagt der Junge: »Wenn ich nun ›mich‹ sage, läßt du mir dann fahren?«

Richtig Deutsch

Ein Vater verbessert das Berlinisch seines Sohnes: »Heeßen heeßt et nich; heißen heeßt et.« –

Ach so –

»Du, Vata, wat heeßt det ejentlich – Tiefe Beene?«

»Weeß ick nich, jieb mal dein Buch her! Schafskopp, det heeßt doch Tiefebene!«

Das verfluchte Hauen

Ein Junge, der von seinem Vater Schläge bekommen hat, sagt zu ihm: »Siehste Vater, wir könnten uns so jut zusamm'n vertragen, wenn de dir bloß det verfluchte Hauen abjewöhnen könntest!«

Die Bengels

Ein Vater sitzt mit seinen drei Jungens bei Tisch; es gibt Suppe mit Fadennudeln.

Gustav: »Oska, seh mal, wie Vatern de Nudeln um de Schnauze bammeln.«

Albert: »Wie kannste denn zu Vatern seine Fresse Schnauze sagen!«

Gustav: »Wenn 't sich der Ochse jefallen läßt!«

Hier springt der Vater auf und sucht nach dem Rohrstock; die drei hoffnungsvollen Knaben kriechen unter die Bettstelle. Nach vergeblichen Versuchen, sie hervorzunötigen, sagt der Vater zu dem Jüngsten:

»Komm man vor, Oskar, du hast ja nischt jesagt, dir tu ick ja nischt.«

Oskar: »Dir Aas kenn ick!«

Der Einkauf

Fritzchen verlangt in der Drogerie Insektenpulver.

»Für wieviel?« fragt der Verkäufer.

»Ick habe se nich jezählt«, sagte Fritzchen.

Die Lakritze

Drei Jungen kommen in eine Drogerie. Einer verlangt: »For 'n Jroschen Lakritze.«

Der Verkäufer steigt auf die oberste Stufe der Leiter, entnimmt einem Fache die Lakritze und klettert wieder hinunter. Als der Kleine bezahlt hat, sagt der zweite:

»Ick meechte ooch for'n Jroschen Lakritze.«

Da wendet sich der Drogist an den dritten mit der Frage: »Willste ooch for 'n *Jroschen* Lakritze?«

»Nee«, sagt der.

Nun klettert der Verkäufer wieder auf die oberste Sprosse der Leiter und holt die Lakritze herunter. Als er dem zweiten die verlangte Lakritze aushändigt, wendet er sich wieder an den dritten: »Wat willst du denn, Kleener?«

Der dritte: »Ick möchte for 'n *Sechser* Lakritze.«

Ein Dummkopf

»Ick möchte for 'n Jroschen Mostrich.« Mit diesen Worten reicht ein Junge dem Kaufmann einen Topf hin. Der Händler füllt den Mostrich hinein, dann fragt er: »Wo haste denn det Jeld?«!

»Det liegt unten im Topp.«

Frozzelei

»Froillein«, kommt ein Junge in eine Bäckerei, »ham Se altes Brot?«

»Ja«, sagt das Fräulein.

»Traurig genug«, sagt der Lümmel, »warum ham Se't jestern nich verkooft?«

Ein Schlaukopf

Ein Junge ging in den Schlächterladen und sagte: »For 'n Sechser Blutwurscht.«

Der Schlächter lehnte ab. »For 'n Sechsa verkoofe ich ibahaupt nich; wenigstens for 'n Jroschen.«

»Na, denn jeben Se man for 'n Jroschen.« Der Meister schneidet die Wurst ab.

»Na, und nu könn'n Se mir de Wurscht noch in zwee Stücke schneiden.« – Der Schlächter tut wie gewünscht.

Da ergreift der Junge das eine Stück, legt seinen Sechser auf den Ladentisch und läuft hinaus, indem er triumphierend ausruft:

»Na, sehen Se, nu ha'm Se man doch for 'n Sechser verkooft.«

Wahrheitsliebe

Ein Junge rief seine Mutter: »Mutta, Mutta, kiek doch mal aus 't Fensta, der Willi will nich jlooben, det de schielst.«

Kinderverse.

Klapperschtorch du Bester,
Bring mir 'ne kleene Schwester,
Klapperschtorch du Luder,
Bring mir 'n kleenen Bruder.

Hinaus in die Ferne,
For 'n Sechser fetten Speck!
Den eß ick doch zu jerne
Den nimmt mir keener weg.

Hänschen klein
Ging allein
In 'n Berliner Turnverein.
Hing am Reck,
Fiel in Dreck,
Und det linke Bein war weg.
Kam der Doktor Humpelmann,
Klebt et wieder mit Spucke an.

Du kleene Flieje,
Wenn ick dir krieje
Denn reiß ick dir deine kleenen Beenken aus.
Denn muß du hinken
Uf eenen Schinken,
Weenst dir de kleenen Äuglein aus.

Weeßte schon was?
Wenn 't rejent is 't naß,

Wenn 't schneit, is 't weiß.
Du bist 'n kleener Naseweiß!

Eene Bohne Tintenfaß,
Jeh nach Schule und lerne was.
Wenn de was jelernet hast,
Komm zu Haus un sag mir was.

Na weene man nich,
Na weene man nich!
In de Röhre stehn Klöße,
Du siehst se bloß nich!

Ick und du, Schiebers Ruh,
Der eine schiebt Schmalz,
Der andere, der schiebt Speck,
Zwirn und Garn und Hosenknöpp,
Du – bist – weg.

Die lieben Mitmenschen

Zwillinge

Man fragte jemanden, ob diese beiden Brüder Zwillinge seien? Er antwortete: »Von dem einen weiß ich es gewiß, von dem andern kann ich es nicht sagen.«

In einem Alter

Ein vierzigjähriger Mann heiratete ein zwanzigjähriges Mädchen. Als man ihm das Mißverhältnis der Jahre vorstellte, erwiderte er: »O nein, wenn sie mich ansieht, wird sie um zehn Jahre älter, wenn ich sie ansehe, werd' ich um zehn Jahre jünger, so sind wir bald in einem Alter.«

Glatteis

Müller: Weeste, unser Freund Krippenstopel ist dot.

Schultze: Jott bewahre, woran is er denn jestorben?

Müller: Selbstmord! Er hat sich vorjestern bei det Glatteis in die Leipziger Straße bejeben, und keene hundert Schritte – da war sein Name Leiche.

Schultze: Schade um ihn, na sanft ruhe seine Asche!

Müller: Det wird se woll, denn streuen tun se ihr doch nich!

Das Formular

Ein Exporthändler geht zu einer Behörde um irgendeine Ausfuhrgenehmigung zu erlangen. Der Pförtner überreichte ihm ein Formular: »Bitte, füll'n Se den Zettel aus!« Name des Besuchers, Wohnort, wünscht zu sprechen, die Angelegenheit... Der Herr füllt aus, gibt es dem Pförtner zurück. Der Pförtner drückt ihm ein zweites Formular in die Hand, das identisch mit dem ersten ist. »Bitte füll'n Se den Zettel auch aus. Den behalten Se nun.«

Der Herr füllt aus. »Es wäre doch praktisch«, sagt er, »wenn Sie Blaupapier dazwischen täten.«

»Ja«, sagt der Pförtner und wird menschlich. »Das hat schon mal einer gesagt. Wir ham's auch mal gehabt, aber es is dann nicht mehr genommen worden. Im übrigen sind die Dinger ja janz überflüssig, aber wir haben se mal geschenkt bekommen, und nu solln se auch aufgebraucht werden. Da haben wa se immer 'ne Weile hier zu liegen, und denn werfen wa se weg.«

Altes Scherzrätsel

»Wie wer'n Kanonen jemacht?«

»Man nimmt 'n Loch un jießt Messing drum rum.«

Neuere Fortsetzung: »Aber wo kriecht man det Loch her?«

»Man nimmt 'n Napfkuchen und eßt 'n rings rum uff!«

Wie?

»Sagen Se mal, Herr Professor, wat ick Ihnen schon lange fragen wollte: »Heeßt et nu eigentlich mir, oder heeßt et mich?«

Eisbeene

»Haben Se Eisbeene?« fragte ein Junge einen Fleischermeister, der im Winter bei offener Tür verkaufte.

»Ja«, antwortete der Meister.

»Na, denn ziehn Se sich doch Filzpariser über!« riet der kleine Bengel.

Das Zeichen

In einem Dampfbad wird ein Herr frottiert, und zum Schluß schlägt ihn der Badediener mit der flachen Hand auf den verlängerten Rücken, daß es weithin schallt.

»Was erlauben Sie sich, Sie unverschämter Mensch?« sagte entrüstet der Gast. »Entschuldigen Sie«, erwiderte ganz kleinlaut der Badediener: »Bei uns ist die Klingel kaputt, und das ist das Zeichen, daß der nächste rankommt.«

Was fehlt

Der Gastwirt Paule Schulz erklärt: »Ich habe lieber einen Einbrecher bei mir als 'en Arzt. War der Einbrecher da, weeß ick, wat mir fehlt; war der Arzt da, weeß ick det nie.«

Niedergang des Respekts

Alter Herr: »Verdammte Knutscherei!«

Junger Mann, der ein Mädchen im Arm hält: »Oller Neidhammel!«

19. »Warum wehrt sich denn der Herr nicht?« – »Ach, das ist ja Meyer, der hat brieflich boxen gelernt und sieht nun erst im Buch nach, welchen Gegenhieb er führen muß.«
Zeichnung von Paul Simmel

20. »Heinrich, benimm dir.« – »Falsch jetippt, det is die Karbidlampe.«
Zeichnung von Paul Simmel

21. »Das ist Grete Löwe und ihr Bräutigam Max.«
Kinderzeichnung auf Bretterzaun
Foto von Heinrich Zille (um die Jahrhundertwende)

22. »Früher hatten wa da unser Murmelloch. Jetzt ham se't vajrößert!«
Zeichnung von Willi Balendat (um 1960)

Arbeitsteilung

Vor einer Berliner Großbank steht seit Jahren ein Händler mit warmen Würstchen, der seines Mutterwitzes wegen sehr bekannt ist. Eines Tages bat ihn ein Kunde um ein Darlehen von drei Mark da er seine Geldbörse daheim gelassen habe.

»Leider unmöglich«, antwortete Wurstmaxe. »Ich habe ein Abkommen mit Herrn Fürstenberg. Er darf keine Würstchen verkaufen und ich kein Geld ausleihen.«

Flitterwochen

»Aber, Schatz, jetzt sind wir schon drei Wochen verheiratet, und meine Hose ist noch immer nicht geflickt.«

»Geht mich nichts an, das Loch stammt noch aus deiner Junggesellenzeit!«

Trinkgeld

Ein sehr reicher, aber auch sehr geiziger Herr verkehrte besonders oft in einem befreundeten Hause. Das Hausmädchen ärgerte sich darüber, daß er niemals ein Trinkgeld gab. Als sie ihn eines Abends wieder zur Haustür brachte, sagte sie zu ihm:

»Gestern nacht träumte mir, Sie hätten mir zehn Mark Trinkgeld gegeben.«

»Ein bißchen viel«, antwortete der Gast, »aber – behalten Sie es nur!«

Verrückt geworden

»Wissen Sie, daß Hellers Frau durchgebrannt ist?«

»Um Gottes willen – der arme Kerl! Wie erträgt er's?«

»Gut; jetzt ist er ja schon ein bißchen ruhiger geworden, aber in den ersten Tagen war er rein verrückt vor Freude.«

So viel Geld

»Ich habe eine merkwürdige Frau«, sagte ein Ehemann, »sowie sie morgens aufwacht, verlangt sie Geld, mittags verlangt sie Geld, abends verlangt sie Geld.«

»Was macht sie mit so viel Geld?«

»Bisher habe ich ihr noch nichts gegeben, aber sie verlangt immer Geld.«

Vom Bewerber

Tochter: Aber, Vater, was hast du nur gegen Hans. Er wird sicher ein guter Gatte sein.

Vater: Er is 'n Schafskopf und doch nur hinter deinem Jelde her.

Tochter: Er würde mich auch heiraten, wenn ich keinen Pfennig hätte.

Vater: Na, denn is er noch dämlicher, als ich dachte.

Adel

»Bist du ooch ›von‹?«

»Jawohl – Mutter weeß bloß nich von wem!«

Det Neuste!

»Na, Aujust, denn hol mir mal bei de Jannowitzbrücke ab, du weest doch wo? Pünktlich um viere. Aber sicher.«

August beistimmend: »Bei mir Schiefertafel.«

»Wat is nu det wieder for'n Quatsch?«

»Na, wat denn? Schiefertafel? Uff mir kannste rechnen!«

– Ding

»Wo ick wohne? Wie alle feine Leute, Berlin W. hinten mit en ›Ding‹!«

– ? ? –

»Na Mensch, verstehste nich, Berlin Wedding!«

Witwe

»Kommste mit uff den Witwenball?«

»Nich in de Hand, mir is jarnich wie Witwe!«

Auf dem Standesamt

»Sie sind nun schon vier Jahre Wirtschafterin und haben fünf Kinder; warum heiraten Sie denn den Mann nicht?«

»Nee, wissen Se, er is mir nich sympathisch!«

Haarmittel

Bei einem Diner schüttet ein ungeschicktes Mädchen die heiße Sauce auf die Glatze eines Gastes. Mit großer Ruhe sagt er zu dem erschrockenen Mädchen:

»Glauben Sie, daß das hilft?«

Der Sammler

»Haben Sie ein reizendes Aquarium!«

»Nee, det is mein Blinddarm in Spiritus!«

Mimikry

»Nehmen Sie gar keen' Badeanzug mit?«

»Nee, ick bin Boxer, ick bin grün und blau jeschlagen, da brauche ick keenen Badeanzug!«

Sie hat sich

In der Straßenbahn erregt eine Frau mit einem großen feuchten Kranz das Mißfallen ihrer Nachbarin.

»Nehmen Sie doch Ihren Kranz weg; man wird ja ganz naß«, ruft diese schließlich empört.

»Ach, ha'm Se sich man nich«, erwiderte die schlagfertige Berlinerin, »wenn 't rejent, wer 'n Se doch ooch naß.«

Doch klar

»Wenn ich hier langgehe, guter Mann, liegt da der Dönhoffplatz?«

»Der liegt ooch da, wenn se nich langjehn!«

Pst!

»Sie haben Familienzuwachs erhalten, na und die Frau Gemahlin wohlauf?«

»Um Jottes willen, die darf davon jar nischt erfahren!«

Naturwunder

»Wat es denn nu aus de Alma ihren Bandwurm jeworden?«

»Zwillinge!«

Der Fremde in Berlin

»Ach, bitte, ich möchte zum Zoo.«

»Als wat denn?«

Übertrumpft

Ein Amerikaner läßt sich von einem Berliner durch Berlin führen.

»Das ist die Siegessäule«, erklärt der Berliner stolz.

»Wie lange hat man daran gebaut?« fragt der Amerikaner.

»Een Jahr«, erwidert der Berliner ohne Besinnen.

»In Amerika baut man einen Monat an einer solchen Säule«, bemerkt der Amerikaner geringschätzig.

Kurz darauf ist man am Brandenburger Tor. Wieder fragt der Amerikaner: »Wie lange hat man daran gebaut?«

Der Berliner, nun schon etwas gewitzigt, erwidert: »Ein halbes Jahr.«

Darauf der Amerikaner: »Bei uns baut man ein solches Tor in einer Woche.«

Weiter geht es durch die Linden nach der Neuen Wache, wo der Amerikaner wieder fragt, wie lange man daran gebaut habe. Der Berliner, über die Prahlerei des Ausländers nun doch schon erbost, entgegnet kurz: »Drei Wochen«, worauf der Amerikaner spöttisch bemerkt: »Drei Wochen! In Amerika braucht man einen Tag dazu.«

Jetzt wird's dem Berliner aber zu bunt. Gut, denkt er bei

sich, kommst du mir dumm, komm ick dir noch viel dümmer. Man ist unterdessen am Dom angelangt. Der Berliner sagt kein Wort; mit offenem Mund blickt er hinüber nach dem großen Gebäude. Endlich fragt der Amerikaner:

»Was ist das?«

»Ja, zum Donnerwetter«, ruft unser Berliner vor Freude aus, »det weeß ick ooch nich. Ick bin doch jestern erst hier vorbeijekommen, da war jar nischt davon zu sehen.«

Berlinische Blumensprache.

Aster

Jetzt liebst du mir sehr! Doch schade!
Sind nur erst der Liebe Stunden
Futsch, und eh'lich wir verbunden,
Dann bin ick dir jleich Pomade.

Brennessel

Mit deine Kurmacherei
Sei man nich immer so dreiste!
Wenn ick dir mal eie,
Det sag' ick dir, denn schreiste!

Butterblume

Du mußt nicht stets so idealisch sein!
Ich achte wohl die innern Jaben,
Doch muß man seine Notdurft haben,
Und ohne Brot kann man nich frei'n.

Kalmus

Nach der Liebe Schleife
Wirst umsonst du rasen!
Mach mir eine Pfeife,
Denn werd' ick dir wat blasen.

Diestel

Stets nur Böses tust Du mir;
Doch die Christin darf nich ruhn,
Muß dem Feinde Jutes tun:
Darum schick' ich Nahrung Dir.

Erbsenblüte

Du hälst mir, Jeliebte, die Treue! denn anderenfalls
Bekömmst du von mir eine Schote des Knalls!

Faulbaum

Blos weil sie fehlet Dir,
Verlangste Treue von mir!

Fenchel

Zarter Schneider, laß die Schmeichelei'n,
Sonst empfängst Du bald von mich ein Nein.
Nimmer wirst Du mich erhaspeln,
Willst Du man bloß Süßholz raspeln!

Feuerlilie

Ach, mein Herz brennt lichterloh,
Wie ein jroßes Bündel Stroh!
Niemals werd' ick Ruhe finden,
Kann es dir nicht auch entzünden.

Flieder

Nein, bei mir nich, wo ich wohne!
Kommen Se nach de jroße Kanone,
An des Zeughaus da, um neun
Werd' ich liebevoll heut' sein.

Georgine

Huld'jend möcht' ick, Jungfrau, mir Dir nah'n,
Und Dir bieten meine Hand zum Jlücke,
Deine Tugend, Lotte, zieht mir an,
Doch Dein Stolz stoßt jrausam mir zurücke.

Huflattig

Mir, den wackern Handwerksmann,
Siehst Du, Stolze, nich mehr an,
Und liebst einen vornehmen Laffen,
Den Jott aus Versehen geschaffen.

Kleeblatt

Mit dem Kleeblatt, Dörthe, hier
Dreierlei versprech' ick dir:
Erstens, daß ich nie erkalte,
Daß ich bis ans Jrab dir liebe,
Zweetens, daß ich treu dir bleibe,
Drittens, wenn ich beide halte.

Levkoye

Bin ick mit 'ne and're ooch jejangen,
Dadrum keene Feindschaft nich!
Dein bleib' ick janz unveränderlich,
Aber Sklave? Ne, det kannst Du nich verlangen!

Nachtviole

Derf ich's denken? Derf ich's wagen?
Ach, wie wird es mir erjeh'n!
Wenn et Zehne hat jeschlagen,
Wer' ick uf den Hausflur steh'n.

Radieschen

Falscher! Nach den jroßen Paradiese
Meiner Liebe strebtest Du:
Nimm vorlieb mit einem Paar Radieschen,
Un laß ferner mir in Ruh!

Rose (rote)

Ich liebe Dir! ich liebe Dich!
Wie's richtig is, ich weeß es nich,
Un's is mich auch Pomade!
Wie, wenn ich lieb', es heißen muß,
Zu fragen erst den Heinsius,
Wär' um die Liebe schade!
Ich liebe Dir! Ich liebe Dich!
Wie's richtig is, ich weeß es nich,
Doch klopft mein Herz so schnelle!
Ich lieb' nich auf den dritten Fall,

Ich lieb nich auf den vierten Fall,
Ich lieb' auf alle Fälle.

Stiefmütterchen

Weil ick Dir een paar Mal küßte
Uf de Moabiter Wiese,
Trägste nu schonst ein Jelüste
Nach der Liebe Paradiese?
Hat sich wat zu paradießen!
Schönster! derfst man sagen: Teller!
Willste Adam's Jlück jenießen,
Loofe nach den dustern Keller.

Tabakblüte

Schneider, süßer Herzenswaller!
Rooch noch solchen Knallerballer!
Zähl Dir zu die feine Menschen,
Paff nich solchen Vaterländ'schen!
Heut' noch riechen meine Kleider,
Sehr nach jestern, lieber Schneider!

Tulpe

Schön bist Du, des muß man wirklich sagen,
Doch jehäßig!
Wer Dir uf de Länge kann verdragen,
Na, Den freß' ich!
Dir zu meiden, macht mir freilich Schmerzen,
Dir vergeß' ich!
Denn det sag' ick Dir: mit Deinen Herzen
Is es Essig!

Wacholder

Auf Verzeihung darf ich hoffen!
Jestern war ich zwar
Nich bei Laune, aber heute
Lieb' ich, was mir stets erfreute.

Weidenreis

Ick bin Dir, stolze Jungfer,
Zu wenig, viel zu wenig?
Na, warte man en Bisken:
Morjen kommt en König!

Berlinische Spruchweisheit

Lebensregeln

Berlin, Berlin is 'ne jöttliche Stadt,
Wenn man bloß det nötije Kleenjeld hat.

Ja, ja, lieber Mann,
So jeht's in der Welt!
Der eine hat'n Beutel,
Der andre det Jeld.

Mang uns mang is eener mang,
Der nich mang uns mang jehört.

Scheene Leute haben scheene Sachen,
Wenn se keene ham, lassen se sich welche machen.

Bescheidenheit, Bescheidenheit,
Verlaß mir nich bei Tische,
Jib, det ick stets zu jeder Zeit
Det jrößte Stück erwische.

Bescheidenheit is eine Zier,
Doch weiter kommt man ohne ihr.

Der Stolz, det is det schlimmste;
Wat de kriejen kannst, det nimmste.

Arbeit macht das Leben süß,
Faulheit stärkt die Jlieder.

Kopp weg, Beene weg!
Det andere jeht alleene weg.

Mit Jeduld und Spucke
Fängt man eine Mucke.

Mensch, entschlage dich der Sorjen
Und verschiebe nich uff morjen,
Wat du übermorjen
Ooch noch kannst besorjen.

Wenn über eene olle Sache
Mal wieder Jras jewachsen ist,
Kommt sicher een Kamel jeloofen,
Det alles wieder runterfrißt.

Eener alleene, is nicht scheene;
Aber eener mit eene,
Und denn alleene,
Det is scheene!

Jeduld, Jeduld, wenn's Herz auch bricht!
Mit de Beene strampeln nutzt ja nicht.

Na, weene man nich, na, weene man nich,
In de Röhre stehn Klöße,
Du siehst se bloß nich.

Et rejent, wenn et rejnen will,
Et rejent seinen Lauf,
Und wenn't jenug jerejent hat,
Denn hört et wieder auf.

Det schad't ja nischt, det schad't ja nischt,
Det wird ja wieder abjewischt.

Halt euch Kopp und Füße warm,
Un beschwert euch nich den Darm.
Halt euch immer hinten offen,
Und laßt alle Doktors loofen.

Lieben kann ick dir immer,
Heiraten tu ick dir nimmer.

Häßlichkeit entstellet immer,
Selbst das schönste Frauenzimmer.

Auch der Selbstmord ist ein Laster,
Wenn er zur Jewohnheit wird.

Wer nischt erheirat' un nischt ererbt,
Der bleibt 'n armes Luder, bis er sterbt.

Es wird schon wern
Mit Mutter Bern;
Mit Mutter Horn
Is' ja ooch jeworn.
(De Mutter Schmidten
Hat sehr jelitten.)

Quäle nie ein Tier zum Scherz,
Denn es könnt' jeladen sein.

Salz und Brot
Macht Wangen rot,
Doch belegte Bröter
Machen sie noch röter.

Was du nicht willst, daß man dir tu,
Das füje lieber einem andern zu.

Kneipensprüche

»Nichts geht über den Wein,
Sagt mein Kellner. Allein,
Er geht über den Wein.«
(So sagte Weinhändler Niquet.)

Geborgt wird am dreißigsten Februar.

Hast du Geld, um zu berappen,
Gibt's gut Bier und guten Happen.

Besch-eiden ist des Lebens goldne Achse,
Prost Maxe!

Lieber'n Darm verrenkt,
Als'n Wirt wat jeschenkt.

Jlücklich ist, wer verfrißt,
Was nich zu versaufen ist.

Pfefferkuchenweisheiten

In meinem Zimmer rußt der Ofen,
In meinem Herzen ruhst nur du!

Hast mir den ersten Kuß gestohlen,
Kannst Dir auch die andern holen!

23. »Also, Kolleje, wir jehn da drüben fejen.«
Feder- und Pinselzeichnung von Willi Balendat (1958)

24. Hans Ostwald (1873–1940)

Ich hab' Dein Bild im Traum gesehn,
Da blieb vor Schreck der Wecker stehn!

Mutter, sei süß,
Mit dem Kostgeld ist's mies!

Lieber Mann, ich sag's dir offen,
Komm mir nicht so oft bes...!

Ob Zwiebel oder Bolle,
Du bist meine Olle!

Mein Herz ist von Honig,
Mehr jibt's sowieso nich.

Ein kleines Mädel, lieb und nett,
Ist besser als ein Floh im Bett...

Lieber Mann, ich lieb Dich sehr,
Nur störe mich des Nachts nicht mehr!

Dein Herz ist wie 'ne Leberwurscht,
Wer diese ißt hat immer Durscht.

Gieb mir'n Bussel, kleener Pussel,
Hast wohl 'nen Fussel, großer Dussel?

Verse und Spottweisen

Du kennst mein Herz noch lange nich,
Und wenn de't kennst, denn krichste't nich.
(Du kennst mein langet Herz noch nich.)

Mein Herz, det hab ick an een Boom jehängt,
Mein Herz, det hab ick längst verschenkt.

Lott' is dot,
Jule liegt im Sterben.
Freu mir schon, freu mir schon,
Jibt et wat zu erben!

Siehste wohl, da kimmt er,
Jroße Schritte nimmt er;
Siehst wohl, da kimmt er schon,
Dein verliebter Schwiejersohn.

Was is mich das mit dich, mein Kind?
Du ißt mich nich, du trinkst mich nich,
(Du stippst mich nich in Kaffee in),
Du bist mich doch nich (krank) wohl?
So nimm dich was un stipp dich in,
So wird dich widder besser sin.

Wer hat dich, du schöner Wald,
Abjeholzt und dann verschoben?

Meine Frau ißt gerne Sülze,
Wenn se keene hat und keene kricht,
Denn brüllt se.

Du bist verrückt, mein Kind,
Du mußt nach Berlin;
Wo die Verrückten sind,
Da jehörste hin.

Komm, Karlinekin,
Komm, Karlinekin, komm!
Wir woll'n nach Pankow jehn,
In Pankow ist es schön,
Pankow, Pankow, Pankow,
Kille, kille Pankow,
Kille, kille, hopsasa!

Denkste denn, denkste denn,
Du Berliner Flanze,
Denkste denn, ick liebe dir,
Weil ick mit dir tanze?

Nachwort

Hans Ostwald –
Anwalt der Unterprivilegierten, Erforscher der Subkultur

Keine Straße in Berlin trägt seinen Namen, kein Platz ist nach ihm benannt, nicht einmal eine Gasse.

Als Schriftsteller war er überaus erfolgreich. Mit seinem kaum überschaubaren, vielseitigen, wenn auch ungleichwertigen Werk hat er sich um die Behebung sozialer Mißstände, um die Darstellung der Lebensverhältnisse auf der Schattenseite der Gesellschaft in seiner Zeit und um die Erforschung der Geschichte Berlins verdient gemacht.

Seine Bücher kamen beim Publikum an; wohl auch, weil sie teilweise, vom Autor nicht unbedingt beabsichtigt, den Voyeurismus einer verklemmten bürgerlichen Gesellschaft befriedigten. Daß sich seine Bücher mit den dunklen Seiten des sozialen Lebens befaßten, erhöhte sicher den Reiz und die Aufnahmebereitschaft bei seinen Lesern. (»Was verboten ist, das macht uns gerade scharf«, dichtete unter anderen gesellschaftlichen Bedingungen knapp 50 Jahre später Wolf Biermann in Berlin.)

Der Stammbaum der Familie Ostwald läßt sich bis in das Jahr 1570 zurückverfolgen. Sie waren Erzbergleute im Mansfeldischen. Der Großvater Gottlieb Ostwald wurde in Unterwiederstedt bei Sondershausen (heute Sachsen-Anhalt) geboren, er war Bäckermeister, sein Sohn, Hans Ostwalds Vater, Schmiedemeister.

Am 31. 7. 1873 wurde Otto August Hans Ostwald in Berlin geboren. Er ist also mit Spreewasser getauft, was seiner Arbeit, seinen Themen und seinen Büchern zugute kommen sollte.

Wie sein Bruder Gustav macht auch Hans eine Lehre bei einem Goldschmied. Nach der Gesellenprüfung geht er ab 1894 für drei Jahre auf die Walz, wie es für Handwerker früher üblich war. Die Eltern unterstützten ihn, was manche Beschwernisse der Wanderschaft für ihn erträglicher macht. Die Landstraße wird für ihn, wie für Maxim Gorki, über den er 1904 ein Buch veröffentlicht, zu seiner Universität. Die Erlebnisse und Erfahrungen der Wanderjahre prägen ihn und geben einige der Themen für seine künftigen Werke vor, wie auch später seine journalistischen Recherchen in den Berliner »Bouillonkellern«, jenen nicht konzessionierten Kneipen ohne Alkoholausschank, in denen er beobachtete, zuhörte, notierte, sammelte und dem Volk aufs Maul schaute.

Die Wanderschaft führte Hans Ostwald bis nach Riga zu Verwandten, die dort Kaufleute waren. Auf dem Rückweg von seiner letzten Tour kommt er über Leipzig, wo der Onkel Wilhelm Ostwald, der Naturwissenschaftler, Verfasser kulturphilosophischer Arbeiten und Nobelpreisträger für Chemie von 1909, seit 1887 Professor an der Universität ist. Hier in Leipzig hat Hans Ostwald Kontakt mit der wissenschaftlichen Theorie zu seinen praktischen Erfahrungen. Mit diesem Rüstzeug versehen, wanderte er als »getarnter Handwerker« weiter, er will das soziale Gefälle erkunden, die Gesundheitsverhältnisse, die Unterkunfts- und Arbeitsmöglichkeiten der Tippelbrüder. Das war die umgangssprachliche Bezeichnung für wandernde Handwerksburschen, die weder mit den Nichtseßhaften unserer Tage gleichzustellen sind, noch mit den Vagabunden aus Ostwalds Tagen. Diese unterschieden sich von anderen Randgruppen dadurch, daß sie abgelöst vom Familienverband leben, ohne Bezug zu einer festen Arbeitsstelle, doch immer mit dem Drang nach wechselnden Aufenthaltsorten. Das wiederum trennt die Vagabunden von den Pennern (Ostwald nennt sie die »Speckjäger«), die in einigermaßen festen Revieren ihren Lebensraum haben und, im Gegensatz zu den Vagabunden, nicht den Ansatz einer eigenen Kultur entwickeln.

Ostwald hat das Milieu erlebt, und er wird zum kundigen, engagierten und schreibenden Vertreter jener, die ganz unten sind und kaum je den Weg nach oben finden.

Nach Berlin zurückgekehrt, arbeitet er nicht mehr im erlernten Beruf. Er wird Redakteur bei einer Berliner Tageszeitung. Auf Anregung von Felix Hollaender, einem Erfolgsautor der Jahrhundertwende (»Der Kampf des Thomas Struck«), verarbeitet Ostwald seine Landstraßenerlebnisse in seinem ersten Buch, dessen Erfolg so groß ist, daß er es ihm ermöglicht, Berufsschriftsteller zu werden.

Mit diesem 1900 erschienenen halbautobiographischen Roman »Vagabunden« aus dem deutschen Landstreicherleben (erst ab der 3. Auflage erhält er im Untertitel einen »autobiographischen« Zusatz) revidierte Ostwald das durch Eichendorff, Holtei und andere geprägte romantische Bild der Walz-Brüder. Ostwald etablierte sich als Anwalt der Subkultur. Dem einmal gefundenen Thema bleibt er treu.

Als wandernder Handwerksbursche und später als Journalist hatte er sich mit der Sprache und den Lebensumständen der Landstreicher, Obdachlosen und Prostituierten vertraut gemacht, er fand, die Sprache abseits geregelten bürgerlichen Lebens sei »wohl geeignet, uns alle zu interessieren. Gibt sie doch Kunde von dem Leben und Treiben, Denken und Empfinden der Gefallenen, Verfolgten, Verlorenen und Unglücklichen...«

Die bürgerliche Wissenschaft jener Tage war an den Lebensumständen des niederen Volkes weniger intensiv interessiert, das war Sache der Kriminologen. Aber Ostwald war bereit, »unsere Kultur von unten zu beleuchten«, ohne so etwas zu sein oder werden zu wollen wie ein sozialer Rollenspieler. Er wollte die Lücke füllen und hat dies über dreißig Jahre hinweg auch mit Romanen, Erzählungen, Bühnenstücken und sachlichen Abhandlungen getan. Seine Arbeiten wurden von der wissenschaftlichen Kritik nicht besonders ernst genommen und als »bestenfalls populärwissenschaftliche Kultur- und Sittengeschichte« charakterisiert. Heute sind sie längst, leider, vom Markt verschwunden, aber als Dokumente zum Lebens- und Kulturzusammenhang der Unterschicht, als Zeugnisse eines immensen Sammlerfleißes behalten sie ihren unschätzbaren Wert.

Mit seinen Schriften verband Ostwald soziales Engagement und Kritik an den Zuständen seiner Zeit. In einem 1901 veröffentlichten Aufsatz kritisiert er »Die deutsche Herberge zur Heimat«, die ihm als Unterkunft für die Umherziehenden umgehend als reformbedürftig erscheint. 1903 gibt er seine Denkschrift über »Die Bekämpfung der Landstreicherei« heraus, deren Argumente noch heute teilweise aktuell sind, teilweise auch realisiert wurden. Ostwald argumentiert für eine »Reichsarbeitslosenversicherung«, durch die die Belastungen gleichmäßiger verteilt werden sollen, die »vor allem den ärmeren Gemeinden... die ungeheuerliche Last abnehmen (würde), in Zeiten des Arbeitsmangels allein für jene großen Massen Arbeitsloser sorgen zu müssen, die mit ihrem notdürftigen Verdienst schon sowieso nicht besonders steuerkräftig waren«.

Ostwalds Forderungen auch an die Unternehmer sind in manchem von der Entwicklung im Sozialwesen nicht überholt, sie haben, trotz Berücksichtigung der Zeit ihrer Niederschrift, nichts an Brisanz eingebüßt. So schreibt er (1903!) in »Die Bekämpfung der Landstreicherei«:

»Es ist aber die verfluchte Pflicht und Schuldigkeit des Unternehmertums, sich endlich einmal auch um jene Arbeitermassen zu kümmern, die plötzlich von ihnen entlassen worden sind. Wenn auch manche Unternehmer unter den Krisen zu leiden haben – betteln zu gehen und zu hungern brauchen sie ja wohl nicht.«

Um jedem vorschnellen Verdacht zu begegnen – Ostwald war kein Sozialist. Er war gut bürgerlich-liberal, jedoch ein tatkräftiger Praktiker, der seine Forderungen lebte. So hat er z. B. in seinem Haushalt stets Personal aus Arbeitshäusern beschäftigt. Er war kein Geldverächter und lebte so gern und so gut wie er arbeitsbesessen war; er war großzügig zu Bedürftigen und teilte mit ihnen bis zu einem gewissen Punkt, bei dem er dann meinte, wenn er das letzte Hemd hergäbe, sei keinem von beiden geholfen.

Neben dem Problem der Straße lag ein weiteres lebenslang verfolgtes Thema im Recht auf Arbeit, dem er 1919 zwei Denkschriften widmete (»Schafft geregelte Arbeit durch Arbeitsbeschaffungsämter«; »Schafft geregelte Arbeit«). Für die Denkschriften versicherte sich Ostwald stets der Mitarbeit von Praktikern. Das trug nach 1909 (»Soziale Kolonisation«, zusammen mit A. v. Kaphengst) greifbare Früchte in einem vor dem Ersten Weltkrieg in Erkner bei Berlin realisierten Siedlungsprojekt.

Die bedrückende Lage der (vor allem polnischen) Land- und Saisonarbeiter hatte Ostwald angeregt, ihre Ansiedlung in aufgeteilten Staatsdomänen in allen Einzelheiten mit praktischen Vorschlägen durchzugehen. Diese Arbeiter sollten aus ihren unwürdigen und ungesunden Behausungen heraus und unter menschenwürdigen Bedingungen leben können (man erinnere sich an den Ausspruch Zilles, der ein Duzfreund Ostwalds war, daß man einen Menschen statt mit einer Axt auch mit seiner Wohnung erschlagen könne). Ostwald und seine Freunde hatten unter Aktivierung ihrer weitreichenden Kontakte das Geld für das Erkner-Projekt aufgetrieben. Wegen des Ersten Weltkrieges traten diese Projekte in den Hintergrund, doch

Ostwalds soziales Engagement blieb. Er wollte den Menschen einen Weg weisen, den sie allein nicht finden konnten, wenn es sein mußte – auch mit sanftem Zwang.

Diese breitere Darstellung von Ostwalds gesellschaftspolitischen Aktivitäten war notwendig, weil sich vor diesem Hintergrund die meisten seiner Bücher erst im richtigen Kontext darstellen.

Hans Ostwald hat mit seinen Büchern Neuland betreten, er war in seiner Zeit bahnbrechend, und Legionen von Autoren haben in der Folge daraus ihren Nutzen gezogen, meist ohne auf die Quelle hinzuweisen. Daß er in Lexika oder Literaturgeschichten nur als Randfigur erwähnt wird, wenn überhaupt, sei nebenbei bemerkt. Was Wunder: Er war Autodidakt und kein Wissenschaftler, ein Makel in einer Professorengesellschaft, seine Themen lagen außerhalb der bürgerlichen Norm, Soziologie und die Erforschung der »Geschichte von unten« waren noch kaum etabliert.

Hans Ostwald hat Pionierarbeit geleistet.

Erwähnenswert sind die »Lieder aus dem Rinnstein« (1903–1906), die er während seiner Wanderjahre gesammelt hatte, und seine fünfbändige »Rinnsteinsprache. Lexikon der Gauner-, Dirnen- und Landstreichersprache« (1906). Er befaßte sich mit dem »Berliner Dirnentum« (1905–1906), und das dreiunddreißigbändige Reihenwerk »Großstadt-Dokumente«, für das Ostwald Autoren wie Julius Bab, Magnus Hirschfeld und Anton Weidner gewinnen konnte, zeugt gar von einer gewissen Geschäftstüchtigkeit, mit der ein bislang unterbesetzter Markt bedient wurde.

Neben diesen sozialkritischen Dokumentationen und einer umfangreichen, bis heute ohne Fortschreibung gebliebenen großen »Kultur- und Sittengeschichte Berlins« (1910) hat Ostwald auch die hohen Herrschaften nicht verschont. 1906 betrachtete er in »Mätressen in Berlin« das Liebesleben der Hohenzollern; eine kulturgeschichtliche Sammlung mit »Selbstberichten« war den »deutschen Abenteurern aus vier Jahrhunderten« gewidmet; Liebermann und Zille wurden Gegenstand einiger Bücher (wobei das Zillebuch, an dem der Maler selbst mitgearbeitet hatte, von Tucholsky in der »Weltbühne« 1930 fürchterlich verrissen wurde).

Bis 1932 waren die Bücher in rascher Folge erschienen, nebenbei war Ostwald noch immer als Mitarbeiter an zahlreichen Zeitungen und Zeitschriften tätig. 1933 erschien »Erntedankfest. Ein Buch zum deutschen Bauerntag«, 1936 nochmals ein Zille-Buch und 1939 »Vom goldenen Humor in Bild und Wort«. Ein Buch über »Deutsches Bauerntum«, 1936 bei Ensslin erschienen, kam nicht mehr unter Ostwalds Namen auf den Markt. Der Autor hatte sich nach 1933 geweigert, der Partei beizutreten. Daraufhin nahmen für ihn die bislang erfolgreichen Möglichkeiten publizistischer Arbeit ab.

Hans Ostwald hatte seinen Markt verloren. Sittengeschichtliches war in sittenloser Zeit nicht mehr gefragt.

Am 28. 10. 1899 hatte Hans Ostwald Jenny Marie Emilie Erdmunde Weitze, die Tochter eines von Hugenotten abstammenden ehrbaren und wohlsituierten Kaufmanns, im Berliner Standesamtbezirk 5 a (Louisenstadt, heute Wilmersdorf) geheiratet. Die 1876 geborene Jenny soll, nach Auskunft von Ostwalds Schwiegertochter und einer Enkelin, denen für diese biographische Skizze wertvolle Hinweise zu danken sind, eine sehr zupackende Person gewesen sein, die in der Familie und in Ostwalds Arbeit eine zentrale Rolle spielte; so übernahm sie beispielsweise bei den Vorarbeiten für neue Bücher die Recherchen in den Archiven und die Bildbeschaffung.

Nach der Heirat wohnte das junge Paar in der Kreuzberger Pücklerstraße 56, längere Zeit lebte die Familie auch in Italien und bis 1906/07 in der Ringstraße 47 in Berlin-Lichterfelde. Dann zog sie nach Zehlendorf in die Schrockstraße 24 (damals hieß sie noch Karlstraße); Ostwald hatte das Haus gekauft, in dem er noch mehr als drei Jahrzehnte seines Lebens verbringen durfte (wenn er sich nach den Vorarbeiten für ein neues Buch nicht nach Österreich, nach Zell am See, zurückzog, um dort dem Werk die endgültige Fassung zu geben).

In Zehlendorf wurde ein gastfreundliches Haus geführt. Hausmädchen, Kindermädchen und Köchin standen zur Verfügung, und viele Persönlichkeiten jener Jahre gingen bei den Ostwalds ein und aus.

Als Hans Ostwald am 8. 2. 1940 in Zehlendorf starb, hinterließ er einen prallgefüllten Manuskriptschrank; die vorbereiteten Arbeiten wurden später leider in alle Winde verweht.

Auf dem Zehlendorfer Friedhof, Onkel-Tom-Straße 30, fand Hans Ostwald seine letzte Ruhestätte.

Der Urberliner
Anmerkungen zur Neuausgabe

Geschichte und Wachstum Berlins waren in besonderem Maße bestimmend für die spezielle Art des Berliner Humors, der auch aus dem Dialekt seine besondere Wirkung bezieht, denn, wie Walter Kiaulehn schrieb, »wer berlinert, erscheint kindlich. Ihm traut man nicht zu, einen anderen auf den Arm nehmen zu wollen.« Oder um es poetischer mit den Worten des Verlegers Helmut Kindler zu sagen: »Berlinern ist der Übergang von Sprache zu Musik.«

Der berlinische Witz, der nach Adolf Glaßbrenner das »Genie der Berliner« ist, brauchte zu seiner Entwicklung den Großstadtboden, deshalb ist er auch noch gar nicht so sehr alt, und Ostwald datiert den Ursprung in die Biedermeierzeit. Doch auch die besondere Bevölkerungsmischung und deren Einfluß auf die Sprachgestalt hinterließen vielfältige Spuren.

Berliner Witze haben sich in hohem Maße als Exportartikel

bewährt, ohne ihren Niederschlag in der Außenhandelsbilanz zu finden. Sie werden überall verstanden und belacht, was so nur in seltenen Fällen auf den Humor anderer deutscher Stämme zutrifft. Das mag seine Ursache nicht nur in dem Umstand haben, daß der Berliner Witz die Hauptforderung an einen guten Witz erfüllt – nämlich eine überraschende Pointe –, er ist auch, im Gegensatz zu anderem Dialekthumor, unsentimental und direkt, verliert sich nicht in Nebensächlichkeiten und ist überdeutlich, indem er den inneren Kern eines Vorfalles überhöht. Eine Prise Pessimismus läßt sich nicht verleugnen (»es wird schon schiefgehn«). Das mag Konrad Adenauer auch zu der Ansicht gebracht haben, daß er sich, da Deutschland sowieso nur halbwegs christlich sei, in Berlin endgültig wie unter Heiden vorkomme.

Möglich, daß »Außerhalbsche«, wie alle von auswärts genannt wurden, bevor die Bezeichnung »Wessis« aufkam, auf die Direktheit betroffen reagieren und sie als beleidigend empfinden. (Die Begrüßung eines Kranken: »Dir ham se woll in de Scharitee – ein berühmtes Krankenhaus – uffjewischt?« ist für den Berliner eine Form aufrichtigen Mitleids.)

Der Berliner verletzt nicht, zumindest hat er nicht die Absicht. Er ist stolz auf die Treffsicherheit und die komische Übertreibung seiner Redensarten. Es ist geradezu eine Sucht des Berliners, über alles zu witzeln (»Stell dir jrade, Elfriede, damit der Doktor sieht, wie schief de bist«). Das geht bis zur Respektlosigkeit (Ernst Reuter und seine Baskenmütze waren ungeheuer populär. Als er einmal aus besonderem Anlaß einen Hut trug, rief ihm einer der ehemals legendären Berliner Taxifahrer nach: »Nanu, Ernst, Jehaltszulage jekricht?«), aber hinter dieser Schnoddrigkeit, dieser scheinbar mangelnden Ehrfurcht, dieser Aggressivität steckt ein weicher Kern, von Tucholsky mit »Außen Stacheldraht, innen Sahnebonbon« bezeichnet.

Auch in Grenzsituationen bewahrt der Berliner Contenance

(»Weeßte Mutta, sterben will ick ja, aber drängeln lass ick mir nich dazu«), die allerdings in Bitterkeit und schwarzen Humor abrutschen kann, wie viele Bildunterschriften bei Heinrich Zille belegen (Drängelnde Menge vor einem von Schupos bewachten Haus. »Schon wieder ein neuer Mord?« – »Noch nicht, aber man erwartet ihn stündlich; es ist das einzige Haus, in dem noch keiner passiert ist!«). Auch die sozialen Hintergründe, die Zille mit knappem Strich in seinen Zeichnungen, die ganze Romane erzählen, aufreißt (»Mutta, wat kochste?« fragt das Kind. »Wäsche, du Dämlack!« – »Schmeckt'n det jut?«), zeigen einen Wandel im Berliner Humor an.

Das ist nicht mehr witzig und räsonierend, obwohl Kinderwitze, die in Ostwalds Sammlung reichlich vertreten sind (im Gegensatz zu der knappen Auswahl an Mediziner-Witzen und Prominenten-Anekdoten), wegen ihrer Spontaneität als besonders aufschlußreich für das Wesen des Berliners gelten. Es ist die Art von Humor, bei der man trotzdem lacht.

Ostwald bleibt in seinen Sammlungen des »Urberliners« unverbindlicher. Trotz seiner Herkunft und sozialen Erfahrungen hält er sich mit Sozialkritik zurück, ist selbst bei den ausgewählten Texten aus dem Vormärz nur gelegentlich zu versteckter Gesellschaftskritik bereit.

Spitze Verse, wie die auf den Bürgermeister Tschech, der 1844 ein Attentat auf das preußische Königshaus verübte, wird man im »Urberliner« vergebens suchen. Auch die berühmten Berliner Schusterjungen, die ihre Zunge nicht im Zaum halten konnten, kommen zu kurz. Eine so typische und »staatsgefährdende« Anekdote wie folgende schreibt Ostwald einem Eckensteher von 1836 zu: 1848 schrie ein Schusterjunge laut auf der Straße: »Wir brauchen keenen König nich«, was umgehend einen Schutzmann auf den Plan rief, der den Schreihals arretieren wollte. Worauf dieser ganz harmlos meinte: »Warum sollten wa denn? Wir ham doch eenen.«

Eine Variante aus DDR-Tagen griff das Thema auf. »Scheißstaat, Scheißstaat!« rufend, lief ein Mann durch die Straßen Berlins und wurde von einer Polizeistreife wegen Staatsverleumdung festgenommen. Der Mann wehrte sich: »Sie wissen doch jar nich, welchen Staat ick meene.« »Aber klar doch«, sagt der Polizist, »et jibt doch nur eenen Scheißstaat.«

1911 veröffentlichte Ostwald bei Hans Bondy in Berlin seine Sammlung »Urberliner Humor. Lustiges aus Alt-Berlin«, die im Kern schon das enthält, was er mit den beiden Bänden »Der Urberliner in Witz, Humor und Anekdote« (1927) und »Der Urberliner in Witz, Humor und Anekdote. Neue Folge« (1928) bei Paul Francke in Berlin ergänzte. Die »Neue Folge« brachte es bis 1938 auf eine Auflage von 40 000 Exemplaren, der erste Band erschien 1940 im 86. Tausend. Seitdem waren beide Titel nicht mehr auf dem Markt.

In der »Zeitschrift des Vereins für Volkskunde« begrüßte Hermann Kügler 1928 den »Urberliner« als »ein Buch für vergnügliche Unterhaltung, das diesen Zweck erfüllen wird; hat es doch einen guten Kenner des Berlinertums zum Verfasser«. Und zur »Neuen Folge« hieß es: »Diese Blütenlese, die ein intimer Kenner des Berlinertums zusammengestellt hat, vermittelt einen guten Einblick in ›Nam und Art‹ und vermag, obwohl zunächst für vergnügliche Unterhaltung geschrieben, dennoch der Wissenschaft zu dienen.«

Die Wissenschaft legte zwar keinen gesteigerten Wert auf Ostwalds Mitwirkung und Zuarbeit (»Det kannste unter Ulk vabuchen«, würde der Berliner kommentieren), aber Ostwald hatte die Reserve seiner Sammlung gegenüber nicht in Betracht gezogen oder selbst herausgefordert. Seine Quellenangaben sind nachlässig, unzuverlässig und mit Sicherheit unvollständig. 1911 fehlten Literaturangaben völlig, 1927/28 nennt er eine Anzahl von Buchtiteln und die Berliner Zeitschriften »Mitteilungen des Vereins für die Geschichte Berlins«, »Kladderadatsch«, »Lustige Blätter«, »Brummbär«, »Ulk«. Gelegentlich ist ein Artikel gezeichnet, ob die Beiträge Zitate oder Bearbeitungen sind, läßt Ostwald im Verborgenen. Wissenschaftlichen Ansprüchen genügt das natürlich nicht.

Das ist aber nicht unbedingt ein Beinbruch. Eine Sammlung, die allen wissenschaftlichen Anforderungen genügt, würde in ihrer Material- und Fußnotenfülle sowie ihrer Kommentierung den Leser erschlagen. Zudem fehlen für die Wissenschaftlichkeit viele Zeitgenossen aus dem Biedermeier, die für ihre scharfe Zunge berüchtigt waren und als typisch für den Ursprung des Berliner Witzes gelten können (z. B. auch Julius von Voß mit seinem »Strahlower Fischzug«, dem ersten Berliner Dialekt-Bühnenstück). Vollständigkeit wurde also nicht erreicht. War sie denn angestrebt? Daß mangelnde Wissenschaftlichkeit dem Buch geschadet hätte, läßt sich nicht sagen. Das belegen nicht nur die hohen Auflagenzahlen, mehr noch die nicht mehr überschaubare Zahl der Aneigner, die sich für ihre Witz-Anthologien unterschiedlichster Lachrichtungen bis hin zu den Büttenrednern des rheinischen Karnevals ausgiebig an Ostwalds Quelle gelabt haben.

Kurz vor dem »Urberliner« erschien Franz Lederers Sammlung »Uns kann keener«, an der Ostwald mehr oder weniger offen partizipierte. Auch er war also nicht frei von Anleihen. Die »Berlinische Blumensprache« zum Beispiel, von der einige Beispiele in die Neuausgabe aufgenommen wurden, hatte Adolf Glaßbrenner 1838 im dritten Heft von »Buntes Berlin« veröffentlicht, was Ostwald nicht ausdrücklich erwähnt. (Das erinnert, beiläufig, an die Geschichte jenes Neugierigen, der bei Erscheinen einer solchen Anthologie den Verleger fragte, wie hoch denn das Honorar dafür sei. Darauf der Verleger erstaunt: »Wat denn? Honorar? Honorar is nich. Dafür hab ick Finderlohn jejeben.«)

Der Hauptband von Ostwalds Sammlung ist »Der Urberliner« von 1927. Er stellt auch den Hauptteil für die Neuausgabe, vor allem in der langen Einführung und in den gelegentlichen Vorbemerkungen Ostwalds zu den einzelnen Kapiteln. Der »Urberliner Humor«, der ganz auf das Biedermeier konzentriert war, ist, abgesehen von geringfügigen Umstellungen oder Ergänzungen, im »Urberliner« von 1927 aufgegangen. Die »Neue Folge« ist in ihrer Textsammlung wesentlich schwächer, enthält reichlich Wiederholungen und ist tatsächlich nur eine Art Resteverwertung der Funde, die im Vorgängerband nicht mehr unterzubringen waren. Es wurden für die Neuausgabe jedoch eine ganze Anzahl von Witzen, Anekdoten und Versen übernommen und den entsprechenden Kapiteln zugeordnet; bis auf den Biedermeierkomplex wurden die Beiträge thematisch geordnet, Romanauszüge jedoch ganz, Zitate aus Memoiren teilweise gestrichen, denn aus dem Zusammenhang gerissen, sind sie nicht typisch für das, was Ostwald mit dem »Urberliner« demonstrieren wollte. Auch je ein Text von K. Tucholsky und W. Mehring fielen dem Rotstift zum Opfer – Literatur und volkstümliche Naivität geben eine schlechte Ehe ab.

Ostwald bringt in einem umfangreichen Kapitel Beispiele für den respektlosen Umgang des Volksmundes mit Bauten und Denkmälern. Darunter sind auch die Statuen der Puppenallee, Verzeihung, will sagen »Siegesallee«, denn seltsamerweise wird die Bezeichnung »Puppenallee« ebenso ausgespart wie die respektlose Bezeichnung »Stiebelmaler« für Anton von Werner, den Maler patriotischer Bilder, der gute persönliche Beziehungen zum Herrscherhaus hatte. Die Puppenallee und vieles andere sind im Bombenhagel des Zweiten Weltkriegs untergegangen. Die Nachgeborenen werden kaum Erinnerungen daran vorweisen können, von Beziehungen zu diesen Dingen gar nicht zu reden. Deswegen wurden Ostwalds Beispiele gestrichen. Man wird sich in diesem Zusammenhang eher Spitznamen in Erinnerung rufen, die in der jüngeren Zeit für Bauten und Stadtteile vergeben wurden (sie in den »Ostwald« einzufügen, hätte dessen Intentionen zu stark verändert):

In der Kriegszeit wurde aus Lichterfelde-West schlicht Trichterfelde-Rest, Charlottenburg wurde zu Klamottenburg, Steglitz zu Steht-nix; in der Nachkriegszeit erhielt die Kaiser-Wilhelm-Gedächtniskirche den Namen Seelengasometer, die Philharmonie wurde in Zirkus Karajani umgetauft, das Luftbrückendenkmal in Hungerharke usw. usf.

Auch die Gegenwart ist nicht gerade faul, wenn es ans Umtiteln geht:

Die nach Kreuzberg fahrende Linie 1 wird zum Istanbul-Express, die Brathähnchen, bevorzugt die Ost-Berliner »Broiler« seligen Angedenkens, heißen Gummiadler, unerschöpflich ist der Erfindungsreichtum für den Palast der Republik im Lustgarten gewesen, er heißt Ballast der Republik, Lampenladen, Casa di Lampadario oder Palazzo prozzo. Und das hinter dem Palast 1986 aufgestellte Denkmal der beiden Ausreisewilligen Marx und Engels heißt »Sacco und Jacketti« oder »Rentnerdenkmal«.

Beispiele dieser Art gehören auch zum Humor der Berliner, aber sie gehören nicht in den Rahmen von Ostwalds Sammlung. Erst in der »Nach-Ostwald-Zeit«, das heißt nach dem Erscheinen des »Urberliners«, politisiert sich der Humor radikal. Nicht nur der des Berliners, aber in Berlin besonders auffällig. Meist wird er zum Galgenhumor (im Dritten Reich fragt jemand, was es denn jetzt für neue Witze gibt, und erhält als Antwort: »Sechs Monate KZ.« Auch eine Scherzfrage kursierte in jenen Tagen: »Was ist Berlin als Kunstwerk?« – »Eine Radierung von Churchill, nach einer Idee von Hitler«).

Und als der Spuk vorbei war, hatten die Berliner zwar ihren Humor nicht verloren, aber er war nicht mehr so sorglos-harmlos, wie ihn Ostwald dreißig Jahre zuvor gesammelt hatte. Er hatte sich gewandelt, war auf lange Jahre vom Überlebenskampf bestimmt (zum Beispiel Günter Neumanns »Insulaner«).

In der damals noch existierenden DDR wurde der Trabant (zu dessen Begrüßung die West-Berliner nach der Maueröffnung 1989 auf den Ku-Damm zum Trabi-Klatschen gingen) zur Geh-Hilfe. In den Jahren vor dem Mauerfall wurde auch nach dem teuersten Museum der Welt gefragt. Die Antwort lautete: »Die DDR. Pro Tag und Person 25,– Mark (West) Eintritt.«

Nachdem die Mauer in Berlin gefallen war und ein Staat sich aufgelöst hatte und es mal wieder keiner gewesen sein wollte, mußte eine bunte Specht-Art der Spezies Jynx torquila, die sich von Ameisen nährt und in der Natur fast ausgestorben ist, dafür herhalten, um den allzu Wendigen einen Namen zu geben. Sie wurden zu Wendehälsen (die allerdings der Schwabe Eduard Mörike schon hundert Jahre zuvor angedichtet hatte: »Es schlägt eine Nachtigall an einem Wasserfall / und ein Vogel ebenfalls, der nennt sich Wendehals / Johann Jakob Wendehals«).

Während der aufregenden Novembertage 1989 unterhalten sich zwei Berliner. »Was tust du für Deutschland?« – »Ick zittere. Aba vor Kälte.« Und auf dem Transparent eines Demonstranten war zu lesen: »Krenzniederlegung.«

Den schwarzen Peter wollten sie nicht behalten, die Berliner. Aber das letzte Wort. Das ist es, worauf es für sie ankommt.

Als Fritz Kortner, der von den Nazis vertriebene große Regisseur und Schauspieler, aus der Emigration wieder nach Berlin und mit einem Taxifahrer ins Gespräch kommt, fragt ihn dieser, wie lange er nicht mehr in Berlin war. »Dreizehn Jahre.« Darauf der Taxifahrer: »Na ja, ville ham Se aba nich vasäumt.«

Hans Clauert

Bildnachweis

Archiv für Kunst und Geschichte J. Göpel, Berlin: Bild-Nummern 3, 7, 10, 11, 12, 13, 14, 15, 16, 18, 22, 23.
Landesbildstelle Berlin: 2, 4, 5, 6, 8, 9, 17, 21.
Privatbesitz der Familie Ostwald: 24.
Verlagsarchiv: 1, 19, 20.

Inhalt

Die Sprache „Berlinisch"

Wilhelm Franke: **So red´t der Berliner**
Ein lustiger Sprachführer

Peter Schlobinski: **Berlinisch für Berliner und alle, die es werden wollen**

Peter Schlobinski: **Berliner Wörterbuch**

Luise Lemke: **Was lernt uns das?**
Lebensweisheiten auf berlinisch

Luise Lemke: **Berlinericks**
Lauter lustige Limericks aus, um und über Berlin

Luise Lemke: **Det schmeckt nach mehr**
Küche, Kochtopp und Jemüt

Jonny Liesegang: **Det fiel mir uff**
Schnafte Geschichten und dufte Bilder

Gustav Lemke: **Wie eiskalt ist´s im Hemdchen**
Ein Berliner kiekt Theater

Franz Lederer: **Ick lach´ ma´n Ast**
Sprache, Wesen und Humor des Berliners

Adolf Glaßbrenner: **...ick kann det! sagt Herr Buffey**
Berliner Humoresken